CATHERINE NAY

Catherine Nay effectue toute sa carrière dans le journalisme politique, à *L'Express* d'abord, puis à Europe 1 à partir de 1975, où elle travaille encore aujourd'hui en tant qu'éditorialiste. Elle a publié *La Double Méprise* (1981), *Le Noir et le Rouge* (1984, Prix Aujourd'hui), *Les 7 Mitterrand* (1987), *Le Dauphin et le Régent* (1994) et *Un pouvoir nommé désir* (2007) aux Éditions Grasset. En 2019 paraît *Souvenirs, souvenirs...* (Robert Laffont) suivi en 2021 par *Tu le sais bien, le temps passe* (Bouquins). Ses derniers livres, *Le Grand Théâtre du pouvoir – Quarante ans de vie politique française* (2022) et *Secrets de vies* (2023), sont sortis aux éditions Bouquins.

SECRETS DE VIES

ÉGALEMENT CHEZ POCKET

SOUVENIRS, SOUVENIRS…

TU LE SAIS BIEN, LE TEMPS PASSE

SECRETS DE VIES

CATHERINE NAY

SECRETS DE VIES

BOUQUINS

document

L’ensemble de ces portraits a paru
dans *Le Journal du Dimanche*
sous la direction de Jérôme Béglé.

ISBN : 978-2-266-34478-4
Dépôt légal : novembre 2024

À l'origine d'un portrait, il y a toujours la gourmandise. L'envie, qui soudain traverse la tête et se mue en urgence. Vite, prendre rendez-vous. Organiser la rencontre. L'actualité, la politique ont souvent motivé mes choix. Pas seulement. Il fallait aussi ces ingrédients magiques : la réussite, l'audace, la vision. Et pour certains, ce grain de folie qui, tel un grain de poivre, fait mieux ressortir la saveur de la sagesse et de l'expérience. J'ai toujours préféré solliciter ceux (celles) qui ont traversé plusieurs époques, connu plusieurs vies, aux acteurs provisoires du moment.

Chaque fois, j'ai eu l'intuition que ce tête-à-tête allait ouvrir des portes, lever des coins dans des arrière-mondes intimes, délivrer un secret, le ressort de leur personnalité. Ma curiosité a toujours été étanchée.

Écrire ces trente portraits fut pour moi un immense plaisir. Et la rencontre, un moment toujours délectable pour l'esprit. Il est aussi tellement gratifiant de pouvoir admirer.

Septembre 2023

Richard Ferrand, le baron de Macron

Dans le vaste salon du premier étage de l'hôtel de Lassay où il reçoit ses hôtes, aucun objet personnel sur les tables basses, pas de cliché de son intimité familiale, de ses deux filles chéries, dans ce décor chic et sobre. Richard Ferrand a apporté sa touche personnelle : une photo en noir et blanc encadrée sous verre de François Mitterrand, paupières baissées. Elle faisait la une de *Libération* au lendemain de sa mort. De quoi surprendre les visiteurs, celle de l'actuel président de la République étant absente. Qu'ils se rassurent, la photo de sa victoire, qui faisait aussi la une de *Libé*, est encadrée chez lui, dédicacée par l'impétrant.

Le président de l'Assemblée nationale occupe une place unique dans la galaxie macroniste. Il a été le premier à croire aux chances d'Emmanuel Macron, à une époque où la presse commençait à peine à s'intéresser à ce ministre des Finances tout neuf, âgé de trente-sept ans. On ne l'accusera donc pas d'être un opportuniste. Avant tout le monde il a saisi qu'il était au-dessus du lot, été ébloui par sa ductilité intellectuelle, sa rage de convaincre. Le regard bleu lagon, arme de séduction massive, faisant le reste. On peut le louer d'avoir eu du flair. « Et du courage, insiste Brigitte Macron. Richard a pris beaucoup de risques pour un inconnu. » « J'ai brûlé mes vaisseaux, reconnaît-il, mais tout s'effondrait à gauche. Lui, au moins, il traçait une route. »

En 1958, ils furent une poignée à conspirer au retour du général de Gaulle : Olivier Guichard, Roger Frey, Jacques Chaban-Delmas, Michel Debré, ce qui leur valut d'être appelés « les barons ». En 2017, cinquante ans plus tard, Richard Ferrand mérite le titre de « baron » de Macron. Le sénateur socialiste François Patriat, le maire de Lyon Gérard Collomb, Christophe Castaner lui ont emboîté le pas. Mais lui, Ferrand, a été le premier. Il est à part. Nul ne peut douter de sa fidélité, d'une loyauté sans éclipse.

Un homme fiable donc. Ce témoignage de Brigitte Macron : « Quand il a quelque chose sur le cœur, on se le dit. Jamais il ne déguise la vérité. Il fait pareil avec le président. Quand ils se parlent, c'est toujours très longuement. Parce qu'il a du recul sur les choses, beaucoup de jugement, d'expérience et d'humour. C'est un homme rare. Un ami. »

Brigitte déjeune de temps en temps avec lui, en tête à tête. « On mange toujours trop, s'amuse-t-elle, il y a sur la table le meilleur pain et le meilleur beurre salé. »

Et puis il y a entre eux des souvenirs qui les font rire encore, comme celui du premier meeting à Strasbourg, où leur candidat s'éternisait : « "C'est pas Dieu possible", s'exaspérait Richard. On se soutenait tous les deux car c'était interminable. On avait envie de partir, on n'en pouvait plus », dit Brigitte Macron.

Ah, la longueur des discours… « Le président a un tel souci d'exhaustivité, explique son épouse, qu'il n'en sort pas. Il n'a jamais fini. Le discours pour Simone Veil, il en a écrit le dernier mot derrière le Panthéon… » Alors que l'assistance qui l'attendait en ce jour de canicule risquait une insolation, sous le soleil brûlant. Des académiciens sont partis avant l'arrivée du chef de l'État. Ils ne tenaient plus.

« Mitterrandolâtre précoce », c'est ainsi que Richard Ferrand se définit, avouant avoir contracté à l'âge de quinze ans cette maladie infantile dont il ne s'est jamais guéri. Son compatriote aveyronnais, le politologue Dominique Reynié, copain de collège à Rodez avec lequel il jouait au foot, se souvient de son goût pour la rhétorique, de leurs joutes. Reynié était plutôt attiré par Rocard – « mais sans exagération ». « Rocardien à quinze ans, RPR à trente », raillait le mitterrandiste. « Ton idole est un homme du passé », rétorquait le rocardien tiède. Souvenirs, souvenirs…

Richard Ferrand a adhéré au PS le jour de ses dix-huit ans, en juillet 1980. « Mais sans avoir l'idée de faire une carrière politique, sans jamais mettre les pieds à Solférino [au siège du parti], précise-t-il. J'avais horreur des courants. » C'est le personnage de Mitterrand qui le fascinait. « Ses mille facettes, ses ambiguïtés constituaient pour moi cet échantillonnage large de la complexité humaine qui fonde la richesse d'un individu. » Un jugement qui témoigne d'une maturité précoce puisée dans les livres. « J'ai passé mon adolescence à lire, c'était mon seul plaisir. »

Sur son enfance « douloureuse et violente », il ne s'attarde pas. Son point de résilience fut sa grand-mère catholique, très bigote, contremaître dans une fabrique de vêtements ecclésiastiques. Elle lisait *Le Canard enchaîné* qu'elle tentait de cacher. Mais dont son petit-fils se régalait. Une lecture qui ne prédispose pas à la dévotion politique aveugle. Au PS, Richard Ferrand avait ses préférences : Louis Mermaz, premier président socialiste de l'Assemblée nationale en 1981. Alors que la droite s'effrayait de cette arrivée de barbares au pouvoir, cet homme subtil et drôle, toujours vêtu de costumes marron (c'est lui qui a supprimé le port de la jaquette pour les présidents de l'Assemblée), expliquait au Club de la presse d'Europe 1 : « À table, nous savons nous servir des couverts à poisson ! » Il ajoutait : « Si nous réussissons, il n'y aura pas de retour en arrière, les forces d'opposition auront été détruites. » Le grand rêve de la gauche.

Autre ami : Henri Emmanuelli. Lui aussi sera président de l'Assemblée. Un garçon pas facile, rogue, qui faisait peur aux journalistes. « Ce qui me plaisait chez lui, c'est qu'il ne renonçait pas à ce qu'il était. Il n'avait pas peur, parce qu'il avait un côté ours. On a méconnu la profondeur de ses analyses, son engagement pour les gens. » Son département des Landes était le mieux géré de France.

L'arrivée en politique de Richard Ferrand fut tardive. Elle s'est faite à bas bruit, en Bretagne. Conseiller général d'abord, élu député du Finistère en 2012, après l'élection de François Hollande, qu'il n'a jamais admiré. Ne fréquentant pas les médias, il était inconnu au bataillon et aurait pu le rester longtemps si Emmanuel Macron n'avait pas surgi dans sa vie. Jusque-là, il était un député qui disait ce qu'il avait à dire dans les réunions de groupe, souvent de manière peu amène. Aussi s'était-il fait une réputation de frondeur, qu'il récuse. « Je n'ai jamais voté contre le gouvernement, je me suis abstenu deux fois. » Durant ces deux années-là, Claude Bartolone, encore président de l'Assemblée, le recevait avec empathie. « Moi, le modeste député du Finistère, j'appréciais ses analyses politiques profondes et fondées. » Il dit éprouver pour lui une certaine tendresse. Quand François Hollande raillait en expert, devant Gérard Davet et Fabrice Lhomme : « Il est intelligent, malin, mais il n'a pas d'envergure, ni un charisme considérable pour succéder à Jean-Marc Ayrault. » Les lecteurs ont le droit de sourire.

Un coup de pouce du destin

Puis, un jour, le destin entrouvre la porte. Été 2014 : Richard Ferrand s'insurge contre un projet du ministre de l'Économie, Arnaud Montebourg, qui, pour rendre du pouvoir d'achat aux Français, suggère entre autres de vendre en grandes surfaces des médicaments sans ordonnance. « Mon sang n'a fait qu'un tour, se souvient-il. Je voulais aller lui dire qu'il allait tuer les pharmacies, qui en province demeurent les seuls lieux où les malades peuvent avoir des conseils puisqu'il n'y a pas de médecins. » La veille de leur rencontre, Arnaud Montebourg est remercié. Le président a avalé de travers ses bouteilles de « cuvée du redressement ».

C'est donc auprès de son successeur, Emmanuel Macron, qu'il n'a encore jamais vu, que Richard Ferrand entend plaider sa cause. La rencontre a lieu dans un bureau de l'Assemblée. « Assieds-toi, je t'en prie. » « Je lui demande : "Comment ça marche pour le tutoiement ? Qui décide ? C'est le ministre ou le plus âgé ?

— Assieds-toi, si tu veux bien." » Richard Ferrand explique ses inquiétudes. « Tu devrais faire un rapport sur les professions réglementées du droit et de la santé, suggère le ministre.

— Pour ça, il faut être parlementaire en mission. Or, c'est le Premier ministre qui décide.

— Je m'en occupe. Je téléphone à Valls », répond Macron.

Résultat : pendant trente jours, le député auditionne « la terre entière ». « Emmanuel me téléphonait tous les cinq jours, vers 23 heures ou minuit : "Alors, comment ça se passe avec les huissiers, les notaires ?" J'ai rendu mon rapport. Trois mois plus tard, j'étais en Bretagne, sous la pluie, sans endroit pour m'abriter, et il m'appelle : "Je prépare un vaste projet de loi [la future loi Macron, grand fourre-tout ambitieux]. Voilà comment je veux présenter les choses…" Il parlait, il parlait… et moi j'étais trempé jusqu'aux os, impossible de l'interrompre. » « Veux-tu en être le rapporteur, si ma loi passe en Conseil des ministres ? » demande finalement Emmanuel Macron. « Je lui réponds que je serai d'accord à une condition : en être le chef d'orchestre, mais il faut nommer un rapporteur pour chaque sujet traité. Je choisirai les députés les plus compétents, toutes les sensibilités seront représentées, et la parité, respectée. » Une méthode acceptée par le président du groupe, Bruno Le Roux.

« C'est le travail qui nous a rapprochés, poursuit Richard Ferrand. Emmanuel n'a pas raté une minute du travail en commission. Durant la discussion dans l'hémicycle, on est restés côte à côte jour et nuit. On a fait front, on a ri aussi. Je voyais les adversaires éblouis par ce ministre qui faisait du judo avec leurs arguments, il ne leur lâchait rien. J'ai saisi qu'il était une personnalité hors du commun. »

Ça s'est terminé avec le 49.3. Manuel Valls a-t-il voulu empêcher le jeune ministre d'obtenir une victoire parlementaire ? « Je crois qu'il a eu peur », répond aujourd'hui Richard Ferrand, à l'époque plus vindicatif. Les derniers pointages donnant seulement une dizaine de voix d'avance, le chef du gouvernement n'a pas voulu prendre de risques.

Quelques semaines plus tard, Emmanuel Macron téléphone au député du Finistère : « Ça ne va plus, alors soit on fait autre chose, soit on fait quelque chose… » Comme si déjà quelque chose le démangeait.

En janvier 2016, Richard Ferrand comprend qu'il réfléchit avec une équipe. Nouveau coup de fil : « Je vais lancer un mouvement à Amiens. Ni de droite ni de gauche. Il s'appellera “En marche”.

— Ça veut dire que tu veux être président de la République ?

— Ne parle pas de ça. On va d'abord voir les effets produits par mon annonce. Si c'est bon, tu viens avec moi ? »

« Je lui ai dit oui tout de suite. »

« Mais qu'est-ce que tu vas foutre chez ce type ? » me demandait Henri Emmanuelli, très en colère. Je lui ai répondu : « Je veux créer une amicale des anciens de chez Rothschild. » Henri Emmanuelli avait été fondé de pouvoir chez Edmond de Rothschild (le plus riche de la famille) et beaucoup critiqué pour cela. Emmanuel Macron était passé, lui, chez David de Rothschild. On connaît la suite.

Le compliment de Bayrou

Cinq ans plus tard, à soixante-dix jours du scrutin présidentiel, le chef de l'État n'a pas encore dit s'il était candidat, ayant juste fait savoir qu'il en avait envie (une envie qui ne blesse personne !). Le président de l'Assemblée nationale, lui, bénéficie d'une sorte d'état de grâce. Il s'est épanoui dans la fonction. Une autre démission, celle de Nicolas Hulot, lui a été bénéfique puisque François de Rugy, alors président de l'Assemblée, l'a remplacé à l'Écologie. C'est ainsi que Richard Ferrand est arrivé à l'hôtel de Lassay. Comme dans un rêve.

« Il s'est révélé être un grand politique. Il est la poutre maîtresse de la Macronie », admire Gilles Le Gendre, qui lui a succédé à la tête du groupe parlementaire En marche, trois cent douze députés. Ce qui n'est pas une sinécure quand vingt-huit d'entre eux seulement ont déjà siégé. Des néophytes.

Le Parlement le passionne. C'est, dit-il, la quintessence de la richesse française, de sa diversité. Les députés travaillent beaucoup. Il se veut le président de tous. Il les reçoit, invite à déjeuner, en groupe ou en tête à tête, partage des verres à la buvette. Une atti tude qu'apprécie l'Insoumis Alexis Corbière. « Il est urbain, très malin, pas arrogant comme Rugy. Avec lui, les groupes ont leur espace. Il respecte Jean-Luc Mélenchon, ne lui fait pas de mesquineries. Il ne se pose jamais en théoricien. Il n'est pas dans la confrontation. » Anecdote : un jour, Corbière est allé le voir en vitupérant contre ces ministres qui, aux questions d'actualité, répondent à côté ou avec trop de condescendance. Bref, ça n'allait pas. Il était en grand courroux. Pour l'apaiser, Richard Ferrand a lâché : « Mais, tu sais, la séquence des mardis et mercredis, c'est "questions au gouvernement" et pas "réponses du gouvernement". » Les deux en rient encore.

Richard Ferrand incarne presque physiquement un point médian entre l'ancien et le nouveau monde. Une singularité qui s'accompagne d'un look très « rad-soc ». Ses costumes-gilets bleu marine pour des rondeurs assumées. Un regard vif, bienveillant, paternel, que ses lunettes sévères ne masquent pas. Son profil légèrement bourbonien, sa pointe d'accent aveyronnais, une diction parfaite et des mots choisis. L'ensemble lui confère une autorité naturelle. Il voit beaucoup de monde : des élus, des ministres, des gens de la société civile. Il écoute, conseille. Il a l'art d'éteindre le feu avant l'incendie. Il sait ramener l'ordre de son timbre de voix chaud qui nasille un peu. Ses interlocuteurs savent que leur propos sera transmis à qui de droit à l'Élysée. Il entretient aussi la mémoire des grands anciens auxquels il a rendu hommage : Jacques Chirac, Hubert Germain (le dernier compagnon de la Libération) et bientôt Valéry Giscard d'Estaing. L'ancien sénateur et conseiller de

…) Pierre Charon résume : « Richard Ferrand …nte le versant humanisé de la Macronie. »

…ous n’allez pas le croire, même François Bayrou, …mais prodigue en compliments, tranche : « Ferrand est un type loyal, j’en pense du bien. » Il y a cinq ans, le jour de l’investiture présidentielle, ils avaient pourtant failli en venir aux mains, Ferrand refusant d’accorder à Bayrou le nombre d’investitures MoDem pour les législatives qu’il avait négociées avec Emmanuel Macron. « J’en espérais cent vingt, on en a eu quatre-vingt-quinze, se souvient le second. J’ai fait semblant de lui faire porter le chapeau, alors que je savais bien que c’était un coup du président. » Affaire oubliée.

Dans la Macronie, tout le monde est à quai. On attend l’entrée en lice du président, toujours en tête des sondages. Depuis fin novembre, le dispositif de campagne est prêt. C’est Richard Ferrand qui en a réglé les derniers détails. Au fait, de quoi a-t-il le plus peur aujourd’hui, si près de l’échéance ? Sa réponse : « De l’imprévisible. »

29 janvier 2022

Jean-Marie Le Pen, dynastie

Posé sur les hauteurs du parc de Montretout, l'imposant manoir de briques et de pierres est un décor qui sollicite l'imaginaire. Fitzgeraldien le jour, hitchcockien à la tombée de la nuit…

Vu de près, des rides sur la façade, des peintures écaillées, des volets de guingois signalent que la bâtisse restée dans son jus exigerait des soins intensifs et coûteux pour recouvrer sa splendeur d'antan. Des feuilles mortes non ramassées laissent deviner un jardinier en télétravail.

Mais le romanesque y trouve son compte. Cet état des lieux est une allégorie de ses occupants. Depuis un demi-siècle, la famille Le Pen subit les assauts de la politique : violences, tromperies, coups bas, trahisons, ruptures, réconciliations. Chaque membre porte son lot de cicatrices de cette guérilla sans fin. Le feuilleton continue : Marion contre Marine. Un scénario pour Netflix. « Mais on s'aime quand même. La famille est le lieu où l'on peut encore le mieux survivre », s'attendrit le patriarche. Veut-il s'en persuader ou me le faire croire ? C'est justement lui, Jean-Marie, le propriétaire, que l'on veut rencontrer. Parce que c'est lui, le monument – le menhir. Il a enjambé les deux Républiques. Élu plus jeune député poujadiste sous la IVe, opposant irréductible à de Gaulle sous la Ve à cause de l'Algérie, cinq fois candidat à la présidentielle, sept fois réélu député européen, une histoire.

À Montretout, il reçoit à l'heure du thé, en col roulé, l'esprit vif et la démarche hésitante. Comment imaginer que la veille il a perdu la vue pendant quelques minutes ? Un début d'AVC soigné depuis, sans gravité. De la terrasse de son bureau du premier étage, la vue embrasse la capitale et ses monuments : tour Eiffel, Sacré-Cœur. Il n'y vient plus que deux fois par semaine. Le reste du temps, il vit à Rueil avec Jany, son épouse. Yann, sa fille cadette, la mère de Marion, occupe le second étage avec l'un de ses deux fils, les demi-frères de Marion.

Au fond du jardin, dans une longère longtemps habitée par Marine et ses trois enfants, Pierrette, la première épouse et mère des trois filles. Enfuie un petit matin de l'été 1984 avec ses valises, partie pour un familier (Marine avait seize ans) sans jamais plus se manifester, sauf par une légendaire couverture du magazine *Playboy*. C'était quinze jours avant le mariage de Marie-Caroline, la fille aînée. En 2000, Pomponnette est revenue au logis. Ruinée. Pardonnée par ses filles, accueillie par son ex-mari, qui depuis subvient à ses besoins. « Nous sommes de vieux camarades », dit-il.

Dans une petite maison attenante habite Nolwenn, la fille de Marie-Caroline, compagne de Jordan Bardella, investi président temporaire du Rassemblement national. « Un beau garçon qui a le gabarit et du débit », commente le patriarche, qui n'a jamais reçu sa visite. Un ordre de Marine ?

Lors de la présidentielle de 2002, Marie-Caroline et son mari, Philippe Olivier, soutenaient le « félon » Bruno Mégret. Le Pen n'a plus parlé à sa fille pendant seize ans. Les retrouvailles ont eu lieu pour son 90e anniversaire… il y a trois ans ! « Ces souffrances font partie du métier », lâche-t-il. Dernier avatar familial : Marion, qui n'envisage pas de voter pour sa tante Marine et pourrait rejoindre Éric Zemmour.

On connaît son antienne : « "Je préfère mes filles à mes nièces, mes nièces à mes cousines, mes cousines à mes voisines, etc." Je soutiens la candidature de Marine Le Pen. Je ne comprends pas que Marion soutienne un inconnu par rapport à la famille, si sympathique soit-il. » Un inconnu avec lequel il déjeune une fois par an depuis deux décennies.

Une odeur de soufre envahit Montretout. Pierrette – qui paraît-il n'a jamais eu d'inclination pour Marion/Marie-Caroline – se range du côté de Marine. Yann soutient sa fille, Marion. Et par ricochet Zemmour ? C'est qu'elle ne parle plus à Marine depuis que celle-ci lui a retiré pan par pan ses prérogatives. En clair, l'a privée de l'emploi qu'elle occupait depuis vingt-cinq ans au Front puis au Rassemblement national. « Des manières perverses, *dixit* le père. Mais que voulez-vous, ce sont des Le Pen, pas des femmes faciles qu'on peut influencer », commente-t-il, comme dépassé par les événements.

Marion, il ne la comprend pas. « C'était une Marine sans défaut. C'est moi qui l'ai envoyée à Carpentras pour les législatives de 2012, pour laver l'affront d'avoir été accusé par la gauche d'être un des inspirateurs et pourquoi pas un des auteurs de la profanation du cimetière juif en mai 1990. Six ans plus tard, le véritable coupable s'était livré à la police. Il n'était pas membre du Front national. Marion ne voulait pas y aller. J'ai dû vaincre ses réticences et elle a été élue. Son premier discours au Parlement m'avait époustouflé. Je découvrais une grande professionnelle, très douée. Je n'ai pas compris qu'elle quitte la politique cinq ans plus tard, alors que l'histoire lui déroulait un tapis rouge. Et encore moins qu'elle se lance dans son projet d'école, à Lyon, sans avoir de compétences universitaires reconnues. Et qu'est-ce qui lui a pris d'annoncer son envie de retour en politique, alors qu'elle est dans un autre projet de vie. Elle est mariée, attend un enfant pour le mois de juin. Comment pourrait-elle, dans ces conditions, être candidate aux législatives ? »

Incompréhension et déception. Marion ne l'a pas prévenu lorsqu'elle a abandonné son mandat de députée. Tout comme il a appris, par une dépêche de l'AFP, qu'elle ne voulait plus s'appeler Le Pen.

Et Marine ? « Elle a beaucoup progressé, travaillé. Elle est capable de faire des débats. L'image qu'elle projette est plus positive. Mais elle n'écoute personne. Je suis beaucoup plus souple qu'elle. Elle a écarté beaucoup de militants, des amis de Marion. C'est une écarteuse, plus efficace dans l'éjection que dans le recrutement. »

Un ange passe. La rancune paternelle n'a pas été jetée à la rivière. Il n'a pas digéré que sa fille, à qui il avait confié les rênes du parti en 2011, l'ait viré du

Front national, qu'il avait fondé, lui en retirant même le titre de président d'honneur. Il lui a fait trois procès.

Il l'avait bien cherché. En redisant début avril 2015, sur BFM, que les chambres à gaz étaient un détail de l'histoire de la Seconde Guerre mondiale. Puis, dans *Rivarol*, « qu'il n'avait jamais considéré le maréchal Pétain comme un traître ». Et plus loin, que « Chevènement était un homme détestable, car marxiste ». Il visait Florian Philippot, le vice-président du Rassemblement national, qui fascinait Marine, laquelle cédait à toutes ses demandes ; il verrouillait tout, contrôlait les intervenants. C'est lui qui a imposé une ligne sociale, la retraite à soixante ans, la sortie de l'euro et le Frexit. Après son échec à la présidentielle de 2017, Marine s'est séparée de lui. *Exit* Philippot. Bon débarras !

Une « dure », Marine. C'est elle qui a fait sortir dans la presse la trahison possible de sa nièce avant même qu'elle n'ait pris sa décision. Sans doute celle-ci a-t-elle eu le tort de parler trop librement devant des tiers de son envie de revenir en politique, de son tropisme pour Éric Zemmour, son ami. À Laurence Ferrari, sur CNews, Marine a dit sa peine. « J'ai avec Marion une histoire particulière, je l'ai élevée avec ma sœur pendant les premières années. » En sortant du studio, elle avait les larmes aux yeux, m'a confié Laurence. Cet épisode devait humaniser la candidate. Sa vie privée n'est pas facile, elle en a bavé, ce qui la rend sympathique. Une résilience qui ne fait plus peur.

Rectification du père : « Yann a élevé sa fille toute seule, Marine raconte des histoires. » Devant le patriarche, on évoque les différences idéologiques entre la tante et la nièce.

Le patriarche botte en touche : « Zemmour, je l'aime beaucoup. Il remet mes idées dans la campagne. C'est lui que l'on attaque, c'est lui l'homme d'extrême droite. Peut-être rend-il service à Marine. »

Présidentielle de 1974 : Jean-Marie Le Pen avait recueilli 0,74 % des voix. 2022 : il est le géniteur de cette matrice turbulente qui recueille 30 % des intentions de vote. Il estime avoir été le premier à prévenir les électeurs que, selon lui, une immigration non contrôlée mettrait en danger l'identité de la France. Un héritage que se disputent sa fille puis sa petite-fille. Il leur a inoculé le virus politique : la dynastie Le Pen.

Un cas unique que l'on pourrait admirer s'il n'y avait sur son costume cette tache indélébile. Septembre 1987, le leader du Front national est le roi du pétrole. Il préside un groupe de trente-cinq députés d'extrême droite à l'Assemblée nationale grâce à la proportionnelle de François Mitterrand. Il va bientôt être reçu en Israël quand survient la faute fatale un dimanche soir sur RTL. Que dit-il ? Que « les chambres à gaz sont un point de détail de l'histoire de la Seconde Guerre mondiale ».

« Six millions de morts, c'est pour vous un détail ? »

« Voulez-vous me dire que c'est une vérité révélée à laquelle tout le monde doit croire, que c'est une obligation morale ? »

Du révisionnisme force 9 sur l'échelle de Richter. Un scandale international. Un chagrin terrible pour sa famille de sang, autant que pour sa famille de cœur. Les militants, les élus, beaucoup vont le quitter. Quiconque autre que lui n'aurait pu résister à ce flot d'opprobre.

Il recueillait tout de même 14,7 % des voix, un an plus tard, en 1988. Mais ce jour-là, Jean-Marie Le Pen a irrémédiablement compromis ses chances de conquérir, un jour, une responsabilité nationale de premier plan.

Personne n'a jamais pu lui faire regretter ses paroles. Le détail de l'histoire, il n'en démordra pas non plus devant moi. Il sait pourtant qu'il a tort, mais son obstination bretonne l'empêche d'avouer, révélant ainsi une faille de l'intelligence. Dommage pour lui, Jean-Marie Le Pen ne recule jamais.

5 février 2022

Balladur le courtisé

Au quatrième étage d'un bel immeuble Art déco sis entre le Trocadéro et la tour Eiffel, à Paris, Édouard Balladur reçoit. Le visiteur est introduit dans une grande entrée bornée par des portes vitrées, occultées de l'intérieur par des rideaux protecteurs de l'intimité.

À peine entré dans le vaste salon on est saisi par son atmosphère proustienne. On croirait que la duchesse de Guermantes vient de quitter les lieux : moquette à ramages, fauteuils crapauds recouverts de velours cramoisi, canapé vert amande, profusion de coussins, guéridons Napoléon III, murs ornés de tableaux, de photos familiales. Je reconnais un portrait de Titus, le setter irlandais adoré, compagnon des années heureuses dont Mme Balladur parlait comme du cinquième fils de la famille : « Je suis toujours avertie du retour d'Édouard à la maison, Titus commence à s'agiter cinq minutes plus tôt. » Édouard Balladur était alors le second Premier ministre de cohabitation de François Mitterrand (entre 1993 et 1995).

Celui qu'il est toujours de bon ton (et même de rigueur) d'appeler « monsieur le Premier ministre » vous attend, inchangé malgré le temps qui passe et trois côtes cassées à Noël au pied de son chalet chamoniard. Toujours ce regard ironique, son sourire en demi-lune et son élégance légendaire. Ce jour-là, tout en symphonie de gris, mélange de flanelle et de cachemire venu droit de Savile Row. Seule infidélité à cette Mecque du raffinement britannique : ses célèbres mi-bas rouges de chez Gammarelli, le fournisseur des cardinaux à Rome, qu'il ne porte que le week-end.

À l'orée des années 1990, il avait chargé la belle Monique Raimond de lui en rapporter quelques paires. Épouse de son ex-collègue et ministre des Affaires étrangères, lors de la première cohabitation entre 1986 et 1988, quand lui était ministre d'État, ministre de l'Économie, des Finances et de la Privatisation. Jean-Bernard Raimond était ambassadeur auprès du Saint-Siège.

Quelle ne fut pas la confusion de Mme Raimond lorsqu'elle fut interrogée sur la pointure de « [son] cardinal » par le vendeur lui susurrant tout bas et l'air complice : « Dites-moi son nom, je les connais tous. » Souvenirs, souvenirs…

À l'approche de la présidentielle, Édouard Balladur est très sollicité par les politiques. On souhaite avoir son avis, ses conseils. On vient aussi quémander son soutien. Ainsi, avant Noël, Éric Zemmour, qu'il recevait une fois par an depuis toujours, lui demande un rendez-vous. Réponse : « Oui, mais à condition que vous ne m'instrumentalisiez pas. » Entre eux, une conversation de bon aloi avec comme toujours quelques piques, l'ex-Premier ministre jugeant ridicule de vouloir imposer des prénoms français à tout le monde.

« Vous vous appelez bien Éric, et c'est danois. »

« Oui, mais c'est un prénom chrétien. »

À la fin de l'entretien, Éric Zemmour lui glisse : « J'aimerais bien que vous me souteniez. » Une offre déclinée avec courtoisie mais fermeté : trop de choses les séparent, voire les opposent. Entre autres, quelques lectures mal digérées de l'histoire.

« Puis-je revenir en janvier pour vous poser la même question ? »

« Mais vous savez, ma réponse sera inchangée. »

Nicolas Sarkozy vient lui raconter ses conversations avec Macron.

« J'ai déjeuné avec lui, il voudrait que je le soutienne », lui glisse avec gourmandise l'ancien président.

Éric Ciotti, qui faisait partie de son équipe lors de la présidentielle de 1995, vient l'entretenir de la campagne. Aujourd'hui, il est le *primus inter pares* des quatre mousquetaires de la primaire. « J'admire Édouard Balladur pour son acuité intellectuelle. Lui, il voit les choses. Un homme d'État. Pour moi, il demeure la grande occasion manquée pour le pays en 1995. »

Samedi 5 février, c'était au tour de Valérie Pécresse. En 2015, Édouard Balladur était au premier rang de son grand meeting de soutien quand elle partit à la conquête de l'Île-de-France.

« En janvier elle m'a envoyé ses vœux. Je lui ai répondu gentiment. Samedi, elle se disait froissée. »

« Éric Zemmour raconte que vous dites du mal de moi », s'inquiète la candidate.

Édouard Balladur ne laisse rien percer de ce qu'il a répondu, mais on ne le connaît assez pour le suspecter d'avoir tenu les propos que le polémiste lui attribue :

on ne prête qu'aux riches. Sa lucidité, son esprit acéré, le plaisir du bon mot ne le portent guère à la bienveillance ou à l'indulgence. Saint-Simon plus que Bossuet, il peut asséner de sa voix flûtée, sur un ton *mezza voce*, les pires vacheries sur les uns et les autres.

« Est-ce que vous pourriez me soutenir ? » m'a-t-elle demandé.

« Je lui ai répondu que j'attendrais pour me prononcer. »

Édouard Balladur veut prendre son temps. Les protestations énamourées de fidélité à Jacques Chirac de la candidate n'agissent pas sur lui comme une tentation pressante. Mardi, devant moi, il avançait qu'elle devait encore affiner sa musique personnelle, trouver en elle la force de faire partager aux Français son projet novateur pour le pays : « Sinon, quelle autre solution, qui d'autre ? Je ne vois pas qui serait plus qualifié qu'elle. »

Après les défections d'Éric Woerth et aussi de la maire de Calais, Natacha Bouchart, en espérant qu'il n'y en ait pas d'autres, Valérie Pécresse apprécierait sûrement de le voir figurer au premier rang de son meeting au Zénith.

Qui d'autre ? Emmanuel Macron ? « Il a pris des risques et obtenu un succès sans précédent. Il a du brio. Son quinquennat a été fertile en épreuves, certaines en partie dues à sa politique (les Gilets jaunes), d'autres non (le Covid). Je m'interroge surtout sur sa politique étrangère. Je ne crois pas qu'elle soit adaptée au monde d'aujourd'hui. Il veut une Europe dont nos partenaires ne veulent pas et le poids économique de la France, qui ne cesse de reculer, est aussi un handicap. Sa jeunesse le porte à croire que son charme suffit à convaincre les partenaires. En Algérie, au Rwanda, avec les Russes, il commet les fautes de celui qui ne connaît pas l'histoire. C'est un opportuniste. »

Combien de fois ai-je entendu Édouard Balladur plaider que la seule formation valable pour un homme d'État est de bien connaître l'histoire de France et du monde ? Cela nourrit la réflexion, autorise les projections sur l'avenir, car tout recommence toujours. Secrétaire général de l'Élysée à la fin du mandat de George Pompidou, ministre d'État (1986-1988), Premier ministre (1993-1995), quelles qu'aient été ses fonctions, il a toujours pris du temps pour lire le soir et réfléchir, quittant son bureau, quoi qu'il arrive, avant 20 heures.

Durant la cohabitation, il était bien le seul à pouvoir tenir tête, à pousser loin la confrontation avec Mitterrand, dans leurs conversations privées sur l'histoire. Quand les jeunes ministres de droite que le président conviait à l'accompagner dans ses voyages rentraient éblouis par sa culture.

« Moi, Mitterrand ne m'a jamais impressionné, dit-il. Et puis il a fait beaucoup de mal à la France. »

Édouard Balladur n'a jamais rencontré le président Macron. Jean Castex l'a récemment invité à déjeuner. « Il est très sympathique », dit-il. Au fond, toutes ces sollicitations l'amusent. Il recevra bientôt Bruno Retailleau.

Il vitupère aussi contre tous ces candidats qui veulent quitter l'Otan : « Quel irréalisme ! Mais sans l'aide des Américains, sans leurs drones, où en serait l'armée française ? Je préfère être dans l'Alliance atlantique plutôt que face aux Russes et aux Chinois. »

Autre sujet d'agacement : « Cette simplicité stupide, cet affaissement intellectuel à vouloir déboulonner les statues, alors que selon les critères d'aujourd'hui il n'y aurait plus un seul grand homme sans tache. »

Il s'insurge aussi contre la dénonciation calomnieuse permanente qui sévit sur les réseaux sociaux. « Mais vous savez, pendant la guerre, les Français étaient les champions de la délation. Avec une lettre et un timbre à la Gestapo, on envoyait les Juifs en déportation, et aussi son concurrent en affaires, en amour… On se vengeait par jalousie, cette passion triste. »

Édouard Balladur a assez de recul pour jeter dans la conversation : « Je me garde bien de donner des conseils aux candidats, je suis sensible au ridicule, je n'oublie pas que je ne suis pas arrivé au second tour en 1995. »

Une blessure à l'évidence pas encore cicatrisée. En janvier 1995, les sondages étaient pour lui au zénith. L'heureux dénouement de la prise d'otages d'un avion d'Air France sur l'aéroport d'Alger, par des islamistes algériens qui menaçaient de faire sauter l'appareil, lui garantissait un succès trois mois plus tard. C'est lui qui a imposé que l'avion se pose à Marseille. À l'arrivée, pas question de négocier, il avait donné l'ordre au GIGN de passer à l'action, les terroristes étaient abattus, aucun passager n'a été tué, presque un miracle. Le Premier ministre avait démontré son sang-froid. *Le Monde* publiait à la une un article à sa gloire : « Pour l'opinion, l'élection présidentielle est jouée » (en faveur de Balladur). Un article qui avait provoqué la colère des chiraquiens.

Et puis, jusqu'à la fin du mois de février il faisait course en tête, pour chuter à la mi-mars de 10 points. Encore aujourd'hui, il incrimine la sombre affaire Schuller-Maréchal. « C'est Pasqua qui avait monté l'opération, je n'y étais pour rien. » Il n'en démord pas. Moi, je crois que c'est l'article du *Canard enchaîné* du 8 mars qui révélait que son patrimoine était cinq fois supérieur à celui de Jacques Chirac. Héritage de la méfiance catholique à l'égard de l'argent conjugué à la dénonciation socialo-marxiste de la richesse ? Les Français n'aiment pas les hommes politiques fortunés, ils l'avaient lâché. Et quand un favori se met à décrocher, sa chute s'accélère, surtout s'il ne fait pas campagne. « Je n'aimais pas ça », reconnaît-il. Et l'imprévisible s'est produit : Jacques Chirac a été élu. « Pas une de mes voix ne lui a manqué, dit-il. Mais Chirac n'a jamais pardonné et moi non plus. Je l'ai revu deux fois, il m'avait invité à déjeuner pour me parler du musée du Quai-Branly. Une autre fois, nous avons déjeuné chez François Pinault. »

Quand il regarde en arrière, il dit que, après de Gaulle et Pompidou, Giscard a été un grand président réformateur. Je lui fais remarquer qu'il me disait à l'époque : « Giscard n'est pas intelligent. » Il rétorque : « Il m'agaçait. »

Un de ses proches avance : « Édouard et Giscard ont en commun leur supériorité intellectuelle, ce que nul n'a d'ailleurs jamais contesté et ce dont eux-mêmes sont convaincus. Ce qui les a isolés des autres et du commun. »

Au moment de le quitter, on l'interroge sur sa vision de l'avenir.

« Ce qui me fait peur, c'est que le ciment qui faisait la France est en train de s'effriter. Tout ce qui faisait le "vivre-ensemble" se détériore. La faute à tout le monde. En 1968, j'avais minoré cette immense bouffée libertaire qui s'est amplifiée et a tout renversé, la société, la famille, le mariage. Tout a été remis en question. Aujourd'hui, la grande ambition pour la France, et même le devoir prioritaire, c'est de réussir l'assimilation. Cela prendra trois générations. Tant qu'on n'y sera pas parvenu, le pays restera disloqué. En attendant, il faut d'urgence réguler l'immigration, ce qui n'a pas été fait du tout durant ce quinquennat et trop peu avant. »

13 février 2022

Cadet Roussel en sa maison

Se rendre à un rendez-vous avec Fabien Roussel, candidat communiste à la présidentielle, au siège du parti, place du Colonel-Fabien, c'est comme partir vers une planète en voie de disparition, mais dont les vestiges demeurent.

Œuvre d'Oscar Niemeyer, architecte communiste brésilien (l'« inventeur » de la ville de Brasília), l'immeuble devait symboliser l'âge d'or de la fille aînée du Kremlin : soixante-sept mètres de long, haut de six étages, reposant sur cinq énormes pilotis en béton. La façade, tout en verre, ondule « comme un dos de femme ». Une coupole sphérique blanche posée devant l'édifice (la peinture a viré au gris) coiffe, bien enterré, l'auditorium du Comité central « tel le ventre fécond d'une mère ». Paroles de l'architecte que les rondeurs féminines obsédaient, paraît-il. La sensualité de l'ensemble ne vous saute pas aux yeux. Vu de haut, il dessinerait une faucille et un marteau. Ah bon ? À vérifier avec un drone. Un escalier de béton, qui a souffert des intempéries, vous conduit dans l'antre du monstre qui a cessé de faire peur. Du temps de l'URSS et des rapports avec le parti, jugés « globalement positifs » selon Georges Marchais, on n'y entrait pas sans une petite appréhension. Un souvenir personnel. Une immense grotte dans la pénombre : les murs, les sols, tout est couleur pomme de terre. L'endroit est sinistre. On croise peu de monde.

Au quatrième étage se trouve le bureau du patron du parti. S'il n'était pas candidat, on dirait de lui qu'il est le gardien du musée. L'antichambre où attend le visiteur est sans fenêtre. Les murs sont ornés d'une longue tapisserie de Lurçat qui reprend les strophes du long poème d'Éluard, « Liberté ». Trois gros fauteuils de cuir marron, dessinés par Niemeyer, reposent sur un piètement si étroit qu'il faut s'asseoir bien au milieu pour ne pas risquer la chute. Il y a du vécu dans cette recommandation.

Les architectes de génie, pour qui seule l'esthétique compte, s'acharnent à créer des conditions de vie inhospitalières pour l'homme. Avec sa façade en verre, le siège du parti est une fournaise l'été et une glacière l'hiver. Dans les années 1990, il a fallu désamianter l'ensemble : un coût faramineux. Pour renflouer les caisses, l'aimable Robert Hue, successeur de Georges Marchais, avait loué le deuxième sous-sol au couturier Prada pour son défilé de mode. En prime, les Italiens avaient rénové le sol et changé les moquettes, qui en avaient bien besoin. Mais les staliniens du parti l'avaient descendu au bazooka pour cette collusion avec le grand capital. Robert Hue a soutenu Emmanuel Macron en 2017. Comme en 2022.

Fabien Roussel surgit : costume bleu, chemise blanche, col ouvert, tout sourire. Une gaieté insolite dans cette grisaille. C'était huit jours avant le déclenchement de la guerre en Ukraine. Il revient presque fanfaron d'une audition devant le Medef. « Je les ai fait rire en leur annonçant que je nationaliserai Axa pour baisser les primes d'assurance, donc leurs charges. »

Fabien Roussel, député du Nord depuis 2017, est sorti de l'anonymat un dimanche du mois de janvier sur France 3. À l'heure où la France se mettait à table, il a osé dire : « Un bon vin, une bonne viande, un bon fromage, pour moi, c'est la gastronomie française », déclenchant sur-le-champ une bronca sur les réseaux sociaux. Des Verts aux Insoumis, on l'a traité de « nationaliste », « raciste », « franchouillard », « xénophobe ». Comme si un repas à la française était réservé aux fascistes et à la droite, qui est presque tombée amoureuse de lui. Derrière ce slogan propre à exciter les papilles se cache un vrai projet : « Défendre la gastronomie est la meilleure façon de permettre à tous les Français d'y avoir accès. Faire que la qualité soit à hauteur d'homme, celle des producteurs, des petits commerçants, c'est protéger notre patrimoine et la santé des gens. » En effet, ceux dont les revenus sont faibles consomment des produits low cost trop gras, trop sucrés, trop salés. Une malbouffe avec son corollaire d'obésité, de maladies cardiovasculaires.

Fabien Roussel est le seul candidat qui fait de l'alimentation des Français une grande cause nationale. « Ça fait longtemps que le PS ne parle plus qu'aux bobos des villes et Mélenchon à la fraction radicalisée des quartiers périphériques, dit-il. Moi je parle au peuple. » Rien que cela méritait qu'on aille le voir, n'est-ce pas ? Jusqu'en décembre, même sans masque, on n'aurait pas reconnu dans la rue ce bel homme au poil cendré et au regard clair, toujours bien mis, au physique de directeur d'agence bancaire prompt à vous prêter de l'argent. On a découvert un talent sur les plateaux de télévision, ses reparties joyeuses et ses bonnes formules dans les meetings. Le « roussellement » pour paraphraser le « ruissellement » macroniste.

Roussel aime ce que le peuple aime : la « bonne bouffe », la chasse, le Tour de France, le train (il veut ouvrir cent nouvelles lignes pour le fret et les TER seront gratuits pour les jeunes – « On a eu les cars Macron, avec moi on aura les TER Roussel »), l'industrie, le nucléaire (qu'il conçoit comme la meilleure énergie verte). Il soutient les policiers. Jamais, comme Mélenchon, il ne les traitera de « factieux ». Il ne cédera pas non plus au wokisme. Il compte tripler l'ISF : « Au-dessus de cinq cent mille euros, je prends tout. » Il veut créer cinq cent mille postes de fonctionnaires, dont quatre-vingt-dix mille de professeurs, évoque une cogestion démocratique dans l'entreprise pour que les travailleurs puissent peser sur les décisions internes. Un programme bien communiste.

Mais c'est la personnalité de l'homme qui intrigue, lorsqu'il dit : « Je suis quelqu'un de bienveillant, d'amoureux » et affirme, un peu sectaire pour le coup : « Le plaisir c'est de gauche. C'est le droit au bon, au beau, au propre, à la tranquillité, aux voyages, aux vacances. C'est ça ma gauche et c'est ça qui me rend heureux. » (Mais que sait-il de la droite ?) Il est rare qu'un candidat parle autant d'amour. On se dit qu'il doit être heureux en famille. Toute une histoire. Quand on veut le joindre, c'est une petite voix qui répond :

« Fabien Roussel, il n'est pas là. Il faut rappeler. » Je lui demande s'il s'agit de son enfant. Il rétorque : « Mais oui, c'est la voix de mon Mimile, je l'ai gardée mais il a vingt-deux ans et du poil aux pattes, il fait une licence en mathématiques. » Et il se précipite pour aller chercher une photo de sa famille recomposée posée sur son bureau. Sa première épouse était comorienne.

« Vous l'avez rencontrée là-bas ?

— Non, dans le 18e arrondissement. »

Elle avait déjà un petit garçon. Ils ont eu des jumeaux : un garçon et une fille. Le garçon étudie la fiscalité des entreprises mais pense faire de l'enseignement pour être utile, ce qui désole son père. Sa fille chérie est hôtesse de l'air et a peiné pendant le Covid. De sa seconde épouse il a eu Émile. Il vit aujourd'hui avec une compagne qui a un fils, Charles, qui, lui, fait Sciences Po. Il a posé avec elle dans *Paris Match*. « Les cinq enfants, c'est United Colors of Benetton », s'amuse-t-il. Ils s'adorent. Tout le monde s'aime. Les séparations avec les mères se seraient même bien passées. Les éditeurs seraient avisés de lui demander d'écrire un manuel sur les familles recomposées, puisque chez lui ça marche si bien !

Sa philosophie, c'est que pour être heureux il faut éviter de se faire de la bile sinon on tombe malade. Pour que les gens soient heureux de se retrouver le soir, il faut que les devoirs des enfants soient faits à l'école et plus à la maison. On lui parle immigration. Il répond qu'il a dans la tête les appels à la fraternité du pape. Mais lui n'ouvrirait pas aussi grand les vannes que Mélenchon.

Justement, élu secrétaire national du Parti communiste en 2018, c'est lui qui a voulu qu'il y ait un candidat à la présidentielle, le parti ayant passé deux fois son tour pour soutenir Mélenchon qui fascinait Marie-George Buffet. Mélenchon, basta ! Un homme avec qui il est impossible de construire. Jamais aucun renvoi d'ascenseur et toujours beaucoup de mépris en plus. Tout roulait pour le candidat Roussel. Et voilà que *Mediapart* a sorti une information comme quoi il aurait eu un emploi fictif auprès du député communiste Candelier, quand il était secrétaire départemental du PCF dans le Nord. Il conteste ces assertions mensongères, se défend. Il se décrit comme un gros bosseur sur le terrain – « Les pneus de ma voiture s'en souviennent » – et soupire : « C'est peut-être comme ça, la démocratie… J'ai des ennemis localement. » Stéphane Courtois, immense historien du communisme, éclate de rire. « Encore une histoire de cornecul de Plenel, grand spécialiste des opérations malveillantes. Toujours cette vieille haine des trotskistes contre les ennemis héréditaires : les communistes orthodoxes. » Et il s'interroge : « À qui profite le crime ? À Mélenchon, autre trotskiste ? » Il se trouve que le candidat communiste recueille deux fois plus d'intentions de vote qu'Anne Hidalgo. Le PCF repasse devant le PS. Une première depuis 1969. Mais en mode Lilliput. Si le soir du premier tour il obtient 5 % des suffrages, les frais de campagne seront remboursés. Une apothéose.

Fabien Roussel est fils et petit-fils de communistes. Il a été élevé par ses grands-parents, car ses parents étaient occupés par leur militantisme. Il s'appelle Fabien en hommage au résistant qui a donné son nom au siège du Parti. Son père, qui travaillait à la Sécurité sociale, fut envoyé par *L'Humanité* pour être correspondant au Viêtnam. Entre douze et quatorze ans, le jeune Fabien est parti y vivre auprès de son père. « C'est quand on est loin de la France que l'on s'aperçoit combien elle nous manque. Et c'est quand on est mêlé à une autre culture que l'on apprend à mieux connaître la sienne. » Il y a acquis aussi le respect de toutes les cultures. Il raconte : « J'ai vécu la chute du mur de Berlin, puis celle de l'URSS. Pour mes parents, un monde s'effondrait, même s'ils avaient pris leurs distances à cause du goulag. Mais pour moi, ce passé, ce n'est pas ma génération. Ce n'est plus d'actualité. » Poutine ? « Ce n'est pas un dirigeant avec qui je partirais en week-end. C'est un dirigeant autoritaire. » Un dictateur ? « Si je veux être président de la République, il y a des mots que je ne peux pas dire. Mais ça, c'était avant l'invasion de l'Ukraine. »

Mardi, à la tribune de l'Assemblée nationale, Fabien Roussel a décidé de parler vrai : « Vladimir Poutine est un irresponsable va-t-en-guerre qui distille depuis des années le poison du nationalisme et s'appuie sur ses amis d'extrême droite partout, en Europe et en France. Il met en péril l'humanité. Il ne trouvera dans cette guerre que la désolation pour son peuple, l'effondrement pour son économie et le déshonneur pour son régime… La France doit tout mettre en œuvre pour éviter l'embrasement. Le XXIe siècle risque d'être encore plus dangereux et dévastateur que le XXe, dont les deux guerres ont fait quatre-vingts millions de morts. »

À cinq semaines du premier tour, il lâche : « L'heure est suffisamment grave pour qu'elle ne laisse aucune place aux polémiques et aux querelles stériles. Pour ma part, je n'y participerai pas. » Le candidat communiste a été très applaudi dans l'hémicycle.

Fabien Roussel sait que le bonheur n'est pas pour demain.

5 mars 2022

Édouard Philippe, un esthète au zénith

Chez Édouard Philippe, tout est haut : sa taille (1,92 m), sa cote de popularité qui culmine, invariable depuis deux ans, la salle à manger de la mairie du Havre, au dix-huitième étage de la tour. Elle surplombe le monumental édifice érigé par l'architecte Auguste Perret. C'est lui qui a reconstruit cette ville martyre que les bombardements allemands, puis alliés, ont ravagée et détruite à 80 %, faisant cinq mille morts. « Pendant quinze ans, mon père a vécu dans un chantier », dit-il. La vue panoramique sur la ville est époustouflante. Les grands immeubles de style soviétique – il nous montre celui où il a passé son enfance – ont au soleil une allure méditerranéenne. Le béton, fabriqué avec les sédiments de la baie de Seine, prend alors une couleur mordorée. On a l'impression de respirer en contemplant les larges avenues qui conduisent à la mer, la plage, le port et son ballet de bateaux qui chargent et déchargent des conteneurs. Son arrière-grand-père y était docker (CGT). En face, Deauville, Honfleur, certains jours on aperçoit la pointe du Cotentin. On comprend pourquoi Édouard Philippe a baptisé son mouvement « Horizons ». À l'arrière de la mairie, la ville haute et bourgeoise avec ses villas, ses manoirs. Du doigt, il nous montre le plus imposant, la demeure d'Antoine Rufenacht, à qui il a succédé. Le Havre d'en bas, Le Havre d'en haut ?

« Il y a eu des connexions avec Antoine bien avant que je le rencontre. Édouard Senn, négociant fortuné, grand collectionneur de tableaux impressionnistes, fut son mentor, un peu un père de substitution. Mon grand-père était, sur le golf, son ramasseur de balles, puis fut son chauffeur, avant de devenir le directeur de son entreprise. Mon père est né à Paris, avenue Foch, dans une chambre de bonne chez les Senn. Quand j'étais petit, Rufenacht était celui qui perdait toujours les élections. En 1995, il a fini par remporter la mairie, battant le communiste André Duroméa, que l'on croyait invincible. Moi, j'étais à New York, je faisais mon stage de l'ENA à l'ONU. J'ai commencé à travailler avec lui en 2001. »

Dix ans plus tard, Antoine Rufenacht lui a passé le flambeau en lui donnant pour consignes : « Mets une cravate, sois aimable et toujours à l'heure à tes rendez-vous. »

Édouard Philippe s'est donc installé au deuxième étage de la mairie. Dès l'entrée, on comprend que l'occupant est un homme d'ordre, un esthète. Au mur, des cimaises de chêne miel. Au sol, une moquette grise. Sur son bureau, rien ne traîne. La table basse est celle sur laquelle travaillait Auguste Perret. Sur une commode, des médailles bien rangées. Seule trace de sa vie privée, une petite photo : une tête de bébé, sa fille Sarah, elle a aujourd'hui onze ans. Une sculpture de bronze représente un boxeur russe. Un cadeau du Premier ministre

Dmitri Medvedev, qu'il avait invité. Le Havre et Saint-Pétersbourg sont des villes jumelées. « Il y a peut-être un micro dedans », s'amuse le maire.

Sur le palier, devant son bureau, un grand tapis bleu. Une dame vient passer l'aspirateur plusieurs fois par jour pour effacer les traces de pas des visiteurs. « Oui, mais ce n'est pas moi qui l'ai demandé. Ça date d'Antoine. »

Édouard Philippe est un fidèle d'Alain Juppé. En 2002, il travaillait à ses côtés pour créer l'UMP. En 2016, avec son ami Gilles Boyer, lui aussi collaborateur de Juppé au Quai d'Orsay puis à Bordeaux, il a vraiment cru que leur patron s'installerait à l'Élysée avec ce projet politique de dépasser les clivages et de casser les appartenances partisanes.

« Mais je ne suis pas sûr qu'il aurait été aussi audacieux que Macron », dit-il aujourd'hui. Les deux amis qui se demandaient qui pourrait être Premier ministre du président Juppé avaient lancé le nom d'Emmanuel Macron. Le jeune ministre de l'Économie faisait alors beaucoup parler de lui.

Primaires ratées, *exit* Juppé. Second tour, *exit* Fillon. Entre Macron et Marine Le Pen, le choix est vite fait.

Pourquoi le vainqueur a-t-il choisi Édouard Philippe, qu'il connaissait si peu ? « Parce que lui venant de la gauche, il pensait que cette nomination d'un Républicain fracturerait la droite. Et puis, c'étaient deux hommes de la même génération », explique Richard Ferrand, le président de l'Assemblée nationale. Matignon ne se refuse pas. Édouard Philippe le sait, avec Juppé à l'Élysée, il aurait été ministre du Budget, peut-être. Il avoue avoir eu le trac, au point d'en perdre l'appétit et six kilos en un mois. Le choix a étonné le Landerneau politique. Mais « il faut se méfier de lui », note un des amis de Philippe. Illustration : arrivé centième au concours d'entrée de l'ENA, il en est sorti cinquième deux ans plus tard. Son ami Ribadeau-Dumas, entré premier, sorti major, c'était plus cohérent. L'un est devenu Premier ministre, l'autre, son directeur de cabinet.

On a le souvenir de débuts décevants : une interview ratée sur BFM ; les quatre-vingts kilomètres/heure décidés comme ça, droit dans les bottes, du pur Juppé. Un regret ? Il rétorque : « On cite toujours Pompidou qui recommandait à ses ministres de ne pas embêter les Français avec la bagnole. Mais c'est lui qui leur a imposé la ceinture de sécurité. »

Ses relations avec le chef de l'État ? Toujours le même couplet : « On a travaillé en confiance dans une atmosphère détendue, sauf une ou deux fois peut-être », concède-t-il, sans plus de précisions. Les retraites, peut-on supposer. Le Premier ministre recommandait d'augmenter la durée du travail jusqu'à soixante-cinq ans. Refus du président – qui préconise la mesure pour le deuxième quinquennat qu'il brigue.

En trois ans, on compte sur les doigts d'une main les fois où ils se seront vus en tête à tête. Les réunions se faisaient toujours à quatre : le Premier ministre et son directeur de cabinet, le président et son secrétaire général, Alexis Kohler. Le quatuor fonctionnait bien, mais sans affect. Sur les petites vexations, Édouard Philippe n'a jamais rien dit, sauf de façon subliminale. Devant des conseillers ministériels qu'il recevait avant Noël 2019, par exemple, en leur récitant *Le Vicomte de Bragelonne* d'Alexandre Dumas : « Oh ! sire, offenser le roi, moi ? Jamais ! J'ai toute ma vie soutenu que les rois sont au-dessus des autres hommes, non seulement par le rang et la puissance, mais par la noblesse du cœur et la valeur de l'esprit. Je ne me ferai jamais croire que mon roi, celui qui m'a dit une parole, cachait avec cette parole une arrière-pensée. »

Et puis le Covid est arrivé. Une pandémie qui a surpris les dirigeants du monde entier. Il n'y avait pas de jurisprudence pour agir. Pour préparer les Français à la suite, le président devait s'économiser. Il a confié la logistique quotidienne à son Premier ministre qui, pendant plusieurs mois, fut en première ligne. Tandis que les Français restaient cloîtrés, il était le tuteur de la nation. Sa cote de popularité s'est envolée. « Je crois que j'ai créé une relation intime avec eux. »

En 2020, il a décidé de se représenter à la mairie du Havre. Réélu triomphalement, il serait bien resté à Matignon. Il aimait le job. Mais le président avait choisi de se séparer de lui. « Je lui ai remis ma démission le jeudi soir, il souhaitait aller vite. Le vendredi à 17 heures c'était fait. Je n'ai pas eu le temps de dire au revoir aux ministres et à l'équipe avec qui j'avais travaillé pendant trois ans. » Gros pincement au cœur, petite blessure de l'*ego*.

En entrant à Matignon, Édouard Philippe a quitté Les Républicains, mais il n'a pas rejoint En marche. Un statut d'apatride qui oblige à bâtir une demeure politique à soi.

À quoi sert la popularité si l'on ne s'en sert pas ? Certains auraient voulu qu'il se présente en 2022. « Des gens ont pensé que je n'étais pas loyal, cela m'a énervé. Je suis déterminé à aider le président à gagner et à réussir son quinquennat, parce que c'est l'intérêt du pays. Et puis les circonstances de l'élection sont tellement particulières. Avec la guerre en Ukraine, on est à un niveau d'intensité que l'on n'avait plus connu depuis 1945. »

Loyal et libre. Édouard Philippe n'a pas de chef. Personne ne peut lui imposer quoi que ce soit. Bien sûr, il pense à l'avenir, le sien. Et il va le construire. En 2027, il aura cinquante-sept ans. Le meilleur âge pour être président, selon Valéry Giscard d'Estaing, qui jugeait avoir été élu trop jeune (quarante-huit ans). Le 9 octobre, au Havre, il a lancé Horizons devant un parterre de huit cents élus. Certains travaillent déjà pour lui. On l'interroge : quelles qualités doit avoir un homme politique ? « D'abord sentir ce qu'il faut faire, ensuite être capable de l'expliquer au pays, et puis faire », résume-t-il rondement.

« Jamais le président ne voudra qu'Édouard pèse trop lourd dans la majorité future », prévient Gilles Le Gendre, ex-président du groupe LREM à l'Assemblée. En janvier, Édouard Philippe comptait bien accueillir à Horizons le groupe Agir ensemble : vingt et un députés. Une auberge espagnole faite d'ex-PS, de LR et d'UDI en rupture de ban. L'affaire semblait pliée, vu ses liens qu'il croyait solides avec Franck Riester, président d'Agir et ministre de la Culture. L'opération ne s'est pas faite. Ses amis y ont vu un veto présidentiel. « J'aime pas qu'on m'emmerde », a commenté le maire du Havre.

« Édouard est trop susceptible », soupire Richard Ferrand. Les deux hommes s'entendent, se respectent et le disent : « Édouard est sérieux, compétent, sympathique, fiable. Peut-être a-t-il plus de charisme que de leadership » ; « Richard est tourmenté, touchant, attachant, capable de résumer un caractère ou une situation en une expression hilarante et percutante. » Édouard le sait, c'est Richard qui distribuera les investitures, et Horizons ne sera peut-être pas le mieux doté. Ses amis recruteurs agaceraient, paraît-il, la Macronie. Et puis il y a François Bayrou, qui n'entend pas être détrôné de son rôle de premier partenaire de LREM et qui dit pis que pendre de lui.

Qu'importe. Édouard Philippe vient de prendre des bureaux non loin de la place d'Iéna, dans l'immeuble où Jacques Chirac avait son QG pour la campagne présidentielle de 1995. Lui était au premier étage, Horizons s'installe au cinquième. Toujours la hauteur. Un grand espace pour l'instant encore presque vide : mobilier noir, tables et chaises. Les murs sont blancs. L'architecte, qui se trouve là, précise : non, pas blanc, couleur « doigts de fée ». Nuance !

On attend l'ancien Premier ministre. Hier, il était aux États-Unis. Il arrive. Costume bleu marine, chemise blanche, le teint encore hâlé par huit jours à la montagne. Sa barbe est désormais toute blanche. Tout baigne. Le soir, on l'a vu blaguer avec le président Macron. L'élection est dans quatre semaines.

Édouard Philippe le sait, ce qui se passera chez Les Républicains après le second tour de la présidentielle est déterminant pour la suite. Pour ses amis, Horizons deviendra la destination des orphelins du centre-droit. Avec lui, la majorité peut s'élargir. « La poutre travaille… »

Pour dire le vrai, sa popularité inquiète la Macronie. Les Français voient en l'ancien chef du gouvernement un homme dont le pays pourrait avoir grand besoin un jour. Il est le seul qui puisse endosser le rôle de recours. Pour se consoler, certains moquent l'appellation « Horizons » : « Les navigateurs le savent, l'horizon, plus on s'en approche, plus il s'éloigne. »

12 mars 2022

Les flèches de Larcher

Au Petit Luxembourg, résidence officielle des présidents du Sénat, qui jouxte le palais, l'histoire imprègne les murs et enfièvre l'esprit. Marie de Médicis y logea Richelieu, le Premier consul Bonaparte y vécut avec Joséphine entre le coup d'État du 18 brumaire et leur installation aux Tuileries. Son cabinet de travail, vaste pièce claire donnant sur un jardin privé enchanteur, est aujourd'hui le bureau de Gérard Larcher. Témoin de la présence du grand homme : un fauteuil en bois doré orné de deux sphinges en accotoirs. Une tapisserie avec son chiffre brodé, N, recouvre le dossier. On ne s'y assoit plus depuis longtemps. On le contemple.

Pas le temps de rêver, l'actualité nous rattrape. Gérard Larcher vient de déclencher une polémique, ce qui n'est pas son genre. Président du comité national de soutien à Valérie Pécresse, il a lâché au *Figaro* : « S'il n'y a pas campagne, la question de la légitimité du gagnant se posera. » Si l'on suit le raisonnement de ce gaulliste, cela voudrait dire que de Gaulle n'était pas légitime en 1965.

« La légitimité, ça n'est pas la campagne, c'est l'élection au suffrage universel », s'indigne Richard Ferrand, son homologue de l'Assemblée nationale, qui entretenait jusque-là les meilleures relations avec lui. Beaucoup de sénateurs, y compris chez LR, avouent leur gêne. « Une déclaration inappropriée », disent-ils. Lors de notre rencontre, le feu médiatique couvait encore. Larcher soulignait que, sans qu'il lui en ait parlé, son ami le philosophe Marcel Gauchet, avec lequel il a longuement conversé sur la loi de 1905, tenait le même raisonnement : « Cette non-campagne aura pour effet de fabriquer un président à la fois inévitable et doté d'une faible légitimité. »

« Un président du Sénat ne devrait pas dire ça », a répliqué sèchement Emmanuel Macron lors de sa conférence de presse. On le sentait agacé. On l'a compris, les deux hommes ne s'aiment pas : deux âmes qui ne vibrent pas à l'unisson. Bien sûr, il y a du dépit dans cette sortie de route du président du Sénat. La cote de popularité de la candidate LR le désespère. « J'aimerais tellement que les Français connaissent Valérie telle qu'elle est : une femme courageuse, imaginative, professionnelle, solide, agréable. » Aux élections régionales de 2015, il était son parrain. Tous deux sont élus des Yvelines.

« Macron, c'est l'anti-Larcher. Le président est un élu sans territoire, il n'aime pas les corps intermédiaires, il méprise le Parlement et les élus locaux. Gérard, lui, est l'homme qui connaît le mieux le terrain. Il en a une approche charnelle et spirituelle », note Bruno Retailleau. Sénateur de Vendée et président du groupe LR au Sénat (cent quarante-six membres), il se dit son ami et son complice. « Nous incarnons deux lignes politiques, au physique nous sommes un peu Laurel et Hardy mais nous sommes très complémentaires et avons le même amour de la nature, des animaux et de la ruralité. Moi, j'habite toujours la ferme où je suis né. »

Un signe du mépris du président à l'égard des collectivités locales : comme Éric Zemmour, il n'a pas daigné venir répondre aux associations de maires qui avaient invité tous les candidats, note Gérard Larcher. Lui, chaque semaine, une fois si ce n'est deux, épuisant ses collaborateurs, se rend dans un chef-lieu de canton à la rencontre des élus locaux. L'expression « train de sénateur » ne s'applique pas à lui. Sur place, il est l'attraction du jour. Il écoute, prend des notes, voit les gens « à portée d'engueulades », selon sa formule, que lui a volée Macron, dit-il. « Sur les quatre-vingts plus beaux villages de France, j'en connais soixante », se rengorge-t-il. Au fond, il est en campagne tout le temps. Les mauvais esprits mentionnent que lors des élections sénatoriales deux adversaires d'un même département peuvent recevoir de sa part une lettre de soutien. Autre anecdote qui le résume : lors de la présidentielle de 1995, il soutenait Jacques Chirac. Sa femme préférait Édouard Balladur. Qu'importe, dans sa ville de Rambouillet il avait monté deux permanences. Ce qui lui vaut une réputation d'homme madré, roué. On le lui pardonne volontiers. « Parce que cette institution est faite pour lui et lui pour elle », dit Bruno Retailleau. « Il est né pour être président du Sénat », confirme en écho Hervé Marseille, le président du groupe centriste (cinquante-sept membres). « Toujours aux petits soins, il prodigue des conseils, connaît les difficultés des sénateurs, s'enquiert de leur santé quand il les sait malades. S'il lui manque des voix à la prochaine élection [dans un an et demi], la gauche votera pour lui, c'est sûr. »

Nicolas Canteloup a beaucoup moqué l'homme politique rondouillard et rustique. Il vient de faire un régime. « Tu vois, j'ai encore perdu trois kilos », lance-t-il à Retailleau qui raconte que son ami aime manger, et vite. « Je commence mon entrée et lui a déjà fini la sienne ! »

Il a la bonne humeur et la jovialité de ceux qui sont contents de leur vie publique et familiale. Une femme chirurgien-dentiste pour laquelle ce catholique s'est converti au protestantisme. « Pour la liberté que cela donne, pour ne pas juger les autres. Pour ne pas privilégier la forme plutôt que le fond », explique-t-il. Le couple a trois enfants, deux filles et un garçon, des petits-enfants. Tout ce monde passe ses vacances sur l'île de Batz, dans la maison de sa belle-mère.

Parce qu'il est rond, a un visage empreint de bonhomie, avoue aimer la paix, détester se fâcher avec les gens et rechercher le dialogue avant tout pour trouver des solutions, on le caricature comme un mou, un indécis, un élixir de centriste. C'est vrai qu'il n'aime pas se découvrir. Il le reconnaît lui-même : « Quand il y a un truc compliqué, moi je fais le "beu" [le bœuf]. » Comprenez : moi, je ne bouge pas, j'attends de voir.

« Qu'est-ce que t'en penses ? » interroge-t-il quand un événement survient. Il n'est jamais le premier à donner son avis.

« Qui n'a pas vu Gérard, ce fou de chasse, arpenter un champ de chaume, discuter pied à pied avec des agriculteurs ne peut imaginer l'ampleur de son énergie et combien il aime “cheffer” », complète Retailleau.

Ce que confirme Pierre Charon, sénateur de Paris, souvent invité à sa chasse personnelle à Rambouillet. Du petit gibier. Il témoigne, hilare : « Gérard, il fait tout. Il dirige la chasse, donne les directions, distribue les rôles. Il rabat, il tire aussi – très bien. Puis on change de secteur. Il conduit sa bétaillère, sans ouverture à l'arrière. On se retrouve à dix dans le noir, secoués comme des pruniers. Il roule comme un fou. À la fin de la journée, il est toujours en forme, infatigable, insatiable, et moi je suis claqué, moulu. »

Avant la politique, il a eu une vie. Natif de l'Orne, enfant hyperactif « pas facile à gauler », comme disait son père bien-aimé, industriel dans le textile et maire de son village. Envoyé en pension chez les jésuites eudistes à Caen, il dit avoir beaucoup souffert la première année de cette séparation familiale. Mais il y a découvert la convivialité, le partage – il était chef de classe – et une passion pour le rugby. « J'en aimais l'esprit collectif. J'étais pilier. » Passionné de chevaux, son père lui fait découvrir l'équitation. Il l'accompagnait aux courses à Deauville, où ce dernier était juge aux allures du trot. Ce qui aiguise l'observation du jeune Gérard. Un temps, il s'est lancé dans le concours hippique. On lui fait remarquer qu'il est rare qu'un pilier de rugby soit en même temps un cavalier de concours. Deux sports qui nécessitent des morphologies bien différentes ! Il rétorque : « C'est vrai, je montais lourd. »

Diplômé de l'école vétérinaire de Lyon, il fait son service militaire dans la Garde républicaine. À vingt-quatre ans, il doit remplacer au pied levé le vétérinaire qui accompagnait l'équipe de France de sports équestres. Sa spécialité : la boiterie des chevaux. On me disait : « Larcher, tournez-vous, on fait trotter le cheval. Eh bien, moi, rien qu'au bruit je savais de quelle jambe il boitait. »

Observation, diagnostic, pronostic, il les applique également à la politique. Élu maire de Rambouillet en 1983, sa ville chérie, qu'il aura dirigée pendant près de trente ans, il a gardé sa permanence, où il passe une journée par semaine. En 1986, il réalise son rêve. Il est élu sénateur. Il a trente-six ans. Lui et Jean-Luc Mélenchon sont les deux benjamins. Leurs rapports sont restés amicaux. « Tu vois, j'ai mieux tourné que toi », lui dit-il. Il se souvient que, déjà, il invectivait les ministres à la tribune. Bref, faisait déjà du Mélenchon.

Ministre du Travail en 2005, Gérard Larcher a toujours eu l'ambition de devenir président du Sénat, ce qui lui fait refuser l'Agriculture en 2007. En 2008, il est comblé en l'emportant contre Jean-Pierre Raffarin. En 2011, le Sénat passe à gauche. Le socialiste Jean-Pierre Bel lui succède. Une grosse déception. Mais, trois ans plus tard, nouvelle majorité ; il se réinstalle sur le trône, qu'il n'a plus quitté.

Qu'est-ce qui n'a pas marché avec Emmanuel Macron ? « À la veille de son investiture, il m'a rendu visite. "Comment sentez-vous le pays ?" Je lui ai répondu : "N'oubliez pas que vous êtes élu d'un pays divisé en quatre. Vous devez être le père de la nation." Il m'avait écouté. Cela partait bien. »

Le 17 juillet 2017, le président réunit les assemblées parlementaires en congrès à Versailles pour annoncer une réforme des institutions et une réduction du nombre de sénateurs et de députés. En écoutant mon interlocuteur, je me disais qu'il était bizarre de réunir des gens à Versailles pour leur dire qu'on allait leur couper la tête. Et, de fait, ce discours a choqué les participants. Assemblée et Sénat ont fait des propositions au gouvernement qui n'en a pas tenu compte. Larcher affirme avoir eu une réelle volonté d'aboutir. Mais les députés LREM se sont aperçus qu'ils seraient les premiers contributeurs à l'abaissement du nombre de parlementaires. Ferrand aurait été leur avocat à l'Élysée. « Ensuite, ils ont cherché à se défausser sur les sénateurs, rejetant la faute sur le président Larcher qui, selon eux, ne savait jamais sur quel pied danser », raconte Retailleau. C'est faux. La crise des Gilets jaunes a révélé que les Français souhaitaient au contraire plus de proximité avec les élus, alors que la réforme les en aurait privés. « J'étais très attentif à ce qu'il y ait un sénateur et un député par département, au moins, pour ne pas accentuer leur sentiment de ne pas être entendus et considérés », raconte Larcher.

En juillet 2017 arrive l'affaire Benalla. Le Sénat se montre très actif. Philippe Bas, le président de la commission des lois, dirige une commission d'enquête avec une autorité de procureur qui fait croire à l'Élysée que le Sénat voulait se venger. « Mais nous n'avons jamais tenu que notre rôle », explique Gérard Larcher. « L'Assemblée est la réplique sismique de l'élection présidentielle. Le Sénat, qui ne procède pas de cette élection, est l'indispensable contre-pouvoir d'une démocratie. Nous, on ne dit jamais oui par discipline et jamais non par dogmatisme. On dit oui ou non quand c'est l'intérêt du pays. Nous avons été solidaires du gouvernement durant les crises des Gilets jaunes et du Covid. Mais nous avons refusé de voter le budget, parce que trop insincère : quatre cent cinquante-cinq milliards de dépenses avec seulement cent cinquante-cinq milliards de recettes et sans aucune perspective de redressement. »

Larcher aime rappeler qu'il est le deuxième personnage de l'État dans l'ordre de succession et le troisième dans l'ordre protocolaire.

19 mars 2022

Roland Dumas, le dernier mousquetaire

Il n'est pas donné à tout le monde d'habiter un lieu qui servit d'atelier à Camille Claudel après sa rupture avec le grand Rodin dont elle fut l'élève et l'amante passionnée. Une liaison stimulante et orageuse à laquelle elle mit fin. Le chagrin la submergea. Internée dans un asile psychiatrique pendant trente-quatre ans, elle y finit ses jours. Destin tragique.

Lorsqu'en 1956 le jeune avocat Roland Dumas fit l'acquisition de ce rez-de-chaussée « aux murs lépreux », il ignorait tout de ce passé. Ce n'est que bien plus tard qu'une plaque fut posée sur l'immeuble pour porter témoignage de ce séjour illustre, avec une citation extraite d'une lettre écrite à Rodin du temps de leurs amours : « Il y a quelque chose d'absent qui me tourmente. » Le promeneur peut y capter une insondable tristesse.

Trois immeubles plus loin, rien n'indique en revanche que Léon Blum vécut quelques années à cette adresse. Roland Dumas, qui s'en étonne, avoue sa grande sympathie pour le leader du Front populaire qui publia en 1937 un essai intitulé *Du mariage* dans lequel il vantait les bienfaits de la polygamie. L'avocat en a fait sa règle de vie. C'est ainsi qu'après lecture il est devenu son disciple.

Il faut se dépêcher d'aller visiter celui qui fut un témoin et un acteur politique actif durant plus de la moitié du siècle dernier. Il fêtera ses cent ans en août.

Il est vrai que l'homme traîne une réputation sulfureuse. La droite s'est longtemps méfiée de lui parce qu'il était toujours dans les mauvais coups. Il s'était précipité à Belgrade pour être l'avocat de la famille Markovic lors de la ténébreuse affaire destinée à détruire la carrière de Georges Pompidou en visant l'honneur de sa femme. Avocat du *Canard enchaîné*, il eut un rôle actif pour miner la réputation de Valéry Giscard d'Estaing dans l'affaire des diamants de Bokassa.

Avisé, il a compté parmi ses clients Marc Chagall, Picasso – qui l'avait chargé d'organiser le retour de son tableau *Guernica* à Madrid après la mort de Franco –, Alberto Giacometti – il fut son exécuteur testamentaire, ce qui lui valut d'être condamné à douze mois d'emprisonnement avec sursis pour « complicité d'abus de confiance ». Il s'est ainsi constitué une importante collection d'art.

Ténor du barreau, il aurait pu être aussi ténor, car il en avait l'organe, en chantant le grand air de *Don Juan*. Vocation à laquelle il renonça la mort dans l'âme, il fallait bien vivre. Ses amis s'appelaient Luciano Pavarotti, « le plus sublime d'entre tous », Placido Domingo, José Carreras… L'été, on pouvait le croiser à Salzbourg ou à Bayreuth. Il dit avoir écouté la tétralogie de Wagner en compagnie de son homologue allemand Genscher. Un grand moment.

Et puis, il y eut la politique.

Élu député pour la première fois en 1956 à Limoges, sa ville natale, sous l'étiquette UDSR, le petit parti charnière de François Mitterrand, dix ans plus tard, il tente sa chance et l'emporte à Brive, en Corrèze, sous la casaque FGDS. En juin 1981, il bat Yves Guéna à Périgueux – à vingt-cinq kilomètres de Brantôme où son père, résistant comme lui, fut fusillé par les Allemands. Toujours élu et jamais réélu. En cause, un certain dilettantisme. Mais au moins derrière cette instabilité on doit admirer une continuité franche : sa fidélité *perinde ac cadaver* à François Mitterrand. En 1959, il fut son avocat dans la sombre affaire dite « de l'Observatoire ». Complice d'un vrai-faux attentat, son ami aurait pu ne pas s'en remettre. « Moi, je ne l'ai jamais trahi », dit-il aujourd'hui.

« François Mitterrand se plaisait à dire : “J'ai deux avocats. Pour le droit c'est Badinter, pour le tordu c'est Dumas.” »

Je sonne à la porte. Une jolie jeune femme, la quarantaine épanouie, blonde, cheveux tirés, yeux bleus, vous conduit vers le maître. « Ma compagne », dit-il. Il est assis dans une petite pièce sombre devant une table avec un plateau de verre. Pas de dossiers qui l'encombrent, juste une bouteille d'eau Quézac « recommandée par le médecin ». Derrière lui, une vitrine garnie de poteries anciennes. Rien d'ostentatoire.

Si ce n'étaient ses difficultés à se mouvoir, Roland Dumas n'a pas changé. Même voix, même belle gueule. Cheveux argentés, regard charmeur. Je le revois dans les années 1980 déambulant, l'air conquérant et la prunelle allumée, dans les couloirs du Capitole, le train qui menait à Périgueux. On le sentait à l'affût d'une belle personne, et qui sait d'une bonne fortune.

« Ma compagne est russe », me dit-il, alors que Svetlana – son prénom – nous apporte un café. « Franco-russe », précise-t-elle. « Elle a un frère qui vit en Russie, s'occupe d'une usine. Mais ce n'est pas un oligarque », précise mon hôte.

Je l'interroge :

« Vous pouvez lui parler de la situation en Ukraine, de la guerre de Poutine ?

— Très difficile. Il y a des mots qu'on ne doit pas prononcer. Trop dangereux. Mon frère risquerait des représailles. »

Elle s'en va.

« La femme de chambre est ukrainienne, souligne Roland Dumas.

— Elles doivent beaucoup pleurer ensemble.

— Oui, elles se lamentent, elles se lamentent… »

Nous entrons de plain-pied dans l'actualité. Par deux fois, Roland Dumas a régné sur le Quai d'Orsay. De décembre 1984 à mars 1986, pendant le premier septennat de François Mitterrand, avec le titre de « ministre des Relations extérieures ». Référence à Talleyrand. Puis de mai 1988 jusqu'au 28 mars 1993, cette fois avec le titre de « ministre des Affaires étrangères » et le rang de ministre d'État. Une longévité rare. Mais le monde basculait avec la chute de l'URSS et la réunification de l'Allemagne, où il joua un rôle important. Rencontrant à moult reprises Gorbatchev, l'homme de la perestroïka et de la glasnost. Son homologue Chevardnadze, d'origine ukrainienne, lui confiait qu'il le jugeait trop laxiste.

Évidemment, je lui demande ce qu'il pense de l'invasion russe en Ukraine.

« Il faut toujours tenir compte de ce que Poutine dit et de ce qu'il veut faire. Avec lui, les Américains n'ont jamais joué le jeu. Obama le méprisait. Pour les Russes, c'est Staline qui a gagné la guerre. Les Européens pensent qu'elle s'est arrêtée grâce au débarquement de nos alliés américains. Poutine n'a jamais accepté l'effondrement de l'URSS. L'Occident, selon lui, n'aurait pas tenu sa promesse qu'après la fin de la guerre froide l'Otan n'avancerait pas au-delà des frontières de l'Allemagne. »

Roland Dumas s'en souvient :

« Lors de la signature du traité dit "2 + 4" en septembre 1990, qui consacrait l'appartenance de l'Allemagne réunie à l'Otan, Chevardnadze exigea qu'il n'y ait pas de déplacement des troupes de l'Otan dans les régions du pacte soviétique qui allaient être désarmées. Cette discussion a bien eu lieu. Je l'avais soutenue moi en premier et les Américains aussi. Mais la promesse n'a jamais été écrite. Ensuite, les Américains ont fait comme si elle n'avait pas eu lieu. Mais Poutine viole le mémorandum de Budapest de 1994, par lequel la Russie s'engageait à respecter la souveraineté de l'Ukraine. »

Alors tout le monde a tort. Cette désinvolture généralisée peut-elle mener à une troisième guerre mondiale ?

Tranquille, Roland Dumas répond :

« Non, cela va se dégonfler. Poutine a pris ses désirs pour des réalités. Il voudrait en sortir mais il ne sait pas comment et surtout ne veut pas perdre la face. Il faut lui parler. En Géorgie, en 2008, Nicolas Sarkozy avait été très habile avec lui. Emmanuel Macron [il avoue l'admirer] a raison de maintenir le dialogue, même si pour l'instant il n'obtient pas de résultats. Joe Biden manque de mesure, il ne faut pas le provoquer. Bien sûr, l'anéantissement de villes comme Marioupol constitue un grave crime de guerre dont Poutine devra rendre compte. Mais pas de précipitation. Pour l'heure, il tient son pays d'une poigne de fer et ne risque rien. L'Otan lui fait peur, mais il y a pire, il ne supporte pas que les Ukrainiens se montrent si satisfaits de vivre en démocratie. Ils ont tous de la famille en Russie à qui ils racontent leur quotidien, avec ce risque de leur inoculer ce méchant virus : l'envie d'échapper au cycle éternel d'oppression politique et de pauvreté. »

Et de conclure :

« Il faudra organiser une grande conférence de paix et de sécurité en Europe. Ce jour-là viendra. Je ne suis pas très pessimiste. »

Nous le sommes plus que lui.

« Roland Dumas a sans doute été l'un de nos plus grands ministres des Affaires étrangères. » C'est Maurice Gourdault-Montagne, ex-sherpa de Jacques Chirac, qui le dit. Durant ces années-là, il fut le porte-parole du Quai auprès de lui.

« Le ministre se moquait que je ne sois pas socialiste. C'est un esprit non partisan qui nous bluffait tous. Il incarnait la fonction, impressionnait par son aisance oratoire, il parle cinq langues. Une vivacité exceptionnelle. Ardent partisan de la construction européenne et de l'approfondissement de la relation franco-allemande ;

il en avait d'autant plus de mérite que son père avait été fusillé par les Allemands, ce qui est resté chez lui une souffrance profonde. Mais comme il le disait souvent à son ami Genscher : "Ceux qui ont fait la guerre doivent faire la paix." Mais son poids politique était peu commun, en raison de sa profonde intimité avec François Mitterrand, ce qui rassurait nos agents. »

Roland Dumas me parle de Mitterrand.

« Il n'expliquait jamais ce qu'il voulait. Je le devinais à ses mimiques, un silence, un adjectif mystérieux. Il ne fallait pas se tromper. Il me laissait une large marge d'initiative. »

Comme au Cambodge. Roland Dumas se flatte d'avoir conspiré au retour au pouvoir de Norodom Sihanouk.

« "Je n'aurais jamais cru que vous y arriveriez", m'avait dit Mitterrand. Il aimait bien Kohl tout en m'avouant qu'il l'assommait à lui parler tout le temps de sa coalition et de ses combines électorales. À moi, Genscher disait : "Kohl est un con." Pour ma part, je le trouvais un peu épais. Margaret Thatcher parlait un peu le français. "Fermez les yeux, me disait Mitterrand, on croirait entendre Jane Birkin." Il ajoutait : "C'est une dure à cuire. Elle a les yeux de Staline et la bouche de Marilyn Monroe."

— Vous parliez beaucoup des femmes, n'est-ce pas ?

— Quand j'allais le voir, le soir, s'il m'accueillait par un : "Comment ça va, Roland ? Toujours en compagnie d'une jolie femme ?" Je savais que ce serait le grand sujet de notre entretien. Il adorait savoir qui couche avec qui, mais jamais de plaisanteries de corps de garde. Ce n'était pas quelqu'un qui se vantait. Il n'était jamais vulgaire.

« J'ai épousé ma femme, Anne-Marie Lillet [sa famille était propriétaire du célèbre apéritif], parce qu'elle était belle et non pour sa dot. Elle avait dix-huit ans et moi, quarante-deux. Je la fréquentais depuis deux ans. Mitterrand m'avait dit : "Méfie-toi des femmes qu'on épouse très jeunes parce que personne ne peut savoir ce qu'elles deviendront à trente-cinq ans." Danièle m'en avait fait le reproche car j'épousais une mineure. "François t'imite maintenant."

« Philosophe de l'âme humaine, François Mitterrand ne se faisait aucune illusion sur l'amour ou sur les femmes. Il avait de la considération pour celles qui avaient un rôle dans la société. Il aimait se référer aux Grecs de l'Antiquité qui recommandaient aux hommes d'avoir trois femmes : une pour l'intelligence, une pour les enfants et l'autre pour le plaisir. Badinter et moi, il nous avait placés aux deux extrémités de sa vie affective. Élisabeth et Robert servaient de couverture pour les voyages avec Anne Pingeot et Mazarine. Moi, j'étais plus proche de Danielle. Il n'aurait d'ailleurs pas aimé que je cherche à jouer sur les deux tableaux. Il voulait tout cloisonner. Peut-être le reflet d'une vieille habitude de la Résistance. »

On vote dans dix jours. Je lui parle du score pitoyable d'Anne Hidalgo.

« Elle dit beaucoup de sottises. De toute façon, le Parti socialiste est mort mais pas le socialisme qui reste une idée généreuse et vivante. Seulement, il faut des têtes nouvelles. »

François Hollande ?

« Non, c'est de la sous-mesure. Il nous faudrait un nouveau Mitterrand. »

Svetlana ouvre la porte. « Il est 17 heures. » Façon de me faire comprendre que l'entretien est terminé. Je me lève et prends congé.

« Vous reviendrez me voir, n'est-ce pas ? »

5 avril 2022

Claude Malhuret, bien sous tous rapports

En février, le jury du Trombinoscope sacrait Claude Malhuret « sénateur de l'année ». Une récompense méritée pour celui dont chaque intervention est annoncée comme le dessert du jour, la gourmandise à savourer. « C'est vrai, quand on sait qu'il va parler, on reste dans l'hémicycle et je le félicite à chaque fois », atteste Pierre Charon, son collègue LR de Paris.

Le sénateur de l'Allier peaufine son texte, qu'il écrit toujours lui-même. Comme un artisan, il travaille sa pâte : une grosse base de bon sens, qu'il pimente d'ironie moqueuse et de formules que l'on se répétera en ville. Il n'a pas son pareil non plus pour choisir des mots simples qui éclairent une situation complexe. À la tribune, il s'interdit de faire l'acteur : les effets de manche, l'emphase, pas pour lui ! Le visage impassible, hormis cette petite pointe de malice dans l'œil, qui traduit une jubilation intérieure, c'est la voix presque neutre et le corps quasi immobile qu'il étrille pêle-mêle ceux qui se plaignent tout le temps et qui sont légion en France. Les antivax : « Si vous voulez vacciner tout le monde, interdisez le vaccin, ils vous le réclameront tous », conseille-t-il au gouvernement. Les complotistes, les experts, « plus il y en a sur les plateaux, moins je comprends ». Les populistes d'extrême droite et d'extrême gauche sont sa cible favorite, les poutinophiles « et leur flair infaillible pour renifler les despotes » avec une prédilection pour « le professeur Mélenchon de la faculté de médecine de La Havane » qui recommandait, au début de la pandémie, d'acheter des vaccins russes pour lutter contre le Covid. « La Chine et la Russie, ces deux grandes puissances, ont été incapables de produire des vaccins efficaces et certifiés pour protéger leur population. Si l'on s'en tient aux registres des décès en Russie, il y a eu un million de morts de plus en 2021 que l'année précédente. Dans ce pays, tout est mensonge », souligne-t-il.

Son humour et son style font mouche, lui qui n'a jamais écrit un seul tweet draine désormais des milliers de followers. On [re]découvre un grand talent, un parcours hors norme. Un personnage. De cette notoriété, il s'excuserait presque. « Vous savez qu'il n'y a pas 1 % des gens qui me connaissent en France. » Il ferait mieux de dire « qui me reconnaissent ». Moi-même l'ayant perdu de vue depuis qu'il a rasé la moustache qui faisait sa marque et la joie des caricaturistes : elle ne ressemblait à aucune autre, sorte d'épais fagot de brindilles qui faisait croire à un postiche. Une immatriculation un peu farce, et somme toute peu seyante. « On ne me reconnaissait plus dans les rues de Vichy », s'amuse-t-il, découvrant la volupté de l'anonymat.

Si vous le croisez aux abords du Sénat, vous vous direz peut-être : tiens, on dirait un cousin de Michel Blanc !

Vichy, sa ville adorée. Pendant vingt-sept ans, de 1989 à 2017, il en fut le maire. Mandat qu'il a dû quitter pour cause de cumul avec le Sénat. Il en parle comme d'une personne encore marquée par le poids de l'histoire. « Les Vichyssois détestent qu'on les confonde avec le régime, et qu'on les appelle les "Vichystes". » Après un court séjour à Bordeaux, puis un passage à Clermont-Ferrand, Laval, Pétain et son gouvernement ont choisi de s'installer à Vichy avec l'administration parce qu'il y avait beaucoup d'hébergements et surtout parce qu'elle était la seule ville, en dehors de Paris, dont le standard téléphonique était international. Tous les propriétaires des hôtels et des belles villas ont été expulsés. Lorsqu'ils en ont repris possession, souvent leurs biens avaient été endommagés et pillés. Avant-guerre, explique-t-il, Vichy, c'était un peu comme le Nice d'aujourd'hui. Les gens huppés des colonies, d'Alger, de Rabat, de Tunis, des émirs aussi, venaient prendre les eaux pour soigner leurs intestins et leur foie. Vers la fin des années 1950, les coloniaux ne sont plus venus. « Les accords d'Évian ont tué Vichy », s'affligeait-on en ville. En réalité, c'est la découverte du Flagyl, médicament qui prévient les amibiases, qui a tari cette clientèle. « Quand je suis arrivé, il y avait neuf mille curistes par an. Aujourd'hui, ils sont trente mille. » Désormais, on vient à Vichy en été et au début de l'automne pour soigner ses rhumatismes. La cure peut remplacer les anti-inflammatoires pendant six mois. Elle coûte moins cher à la Sécurité sociale que six mois de traitement. La ville est belle, toute blanche, accueillante. Il y a le théâtre, l'opéra. Tous les magasins sont ouverts le dimanche depuis très longtemps. Les gens viennent de Moulins et de Clermont pour y faire leurs emplettes. En l'écoutant, l'envie vous prendrait presque d'aller vite y passer un week-end.

Élu sénateur en 2014 sous l'étiquette Les Républicains, Claude Malhuret préside depuis 2017 un groupe de quatorze membres : les Indépendants-République et Territoires. « "Mon verre n'est pas grand mais je bois dans mon verre", disait jadis mon professeur de philosophie. » Voilà qui lui assure en effet une visibilité qu'il n'aurait pas eue s'il était resté au groupe LR (cent quarante sénateurs), avec un temps de parole lors des grands rendez-vous. Un confort aussi : un bureau, un secrétariat, un chauffeur. Mais c'est en réalité son peu d'atomes crochus avec le président Bruno Retailleau qui l'a incité à faire ce choix. Dix sénateurs LR l'ont suivi. Aujourd'hui, il a rallié Édouard Philippe et son mouvement Horizons et quitté, de fait, la majorité sénatoriale. Ce qui inquiète beaucoup le président Gérard Larcher. Affaire à suivre.

Claude Malhuret n'est pas n'importe qui. Fils d'un dermatologue et d'une pharmacienne de Vichy, enfant surdoué, il entreprend après le bac, à seize ans, des études de médecine à Paris 5. En Mai 68, il a dix-huit ans et milite au sein de la Gauche ouvrière et paysanne, « où il n'y avait pas un seul ouvrier ni un seul paysan », sourit-il. Le timide découvre ses talents oratoires dans les amphis et sa capacité à déclencher des grèves. Mais c'est un garçon sérieux. À vingt-deux ans, déjà interne en pneumologie, il décide d'aller faire son service militaire dans la coopération avant d'avoir fini ses études.

Il se retrouve au Maroc, dans le Rif, à la frontière avec l'Algérie, médecin-chef de l'hôpital d'El-Aiun avec une « équipe d'infirmiers fantastique ». Chaque matin, quatre cents personnes venaient à la visite dont 95 % de femmes. Sa vocation est née, il ira soigner là où on a besoin de lui. Un an et demi plus tard, il revient à Paris terminer ses études. Comme tant d'autres confrères au début des années 1970, il poursuit son engagement dans l'humanitaire. D'abord en Inde, près de Calcutta, médecin épidémiologiste pour l'OMS, il travaille à l'éradication de la variole. Deux ans plus tard, il est le coordinateur de Médecins sans frontières dans les camps de réfugiés cambodgiens, laotiens et vietnamiens à la frontière thaïlandaise. « J'ai découvert l'horreur des régimes communistes. J'ai perçu auprès des réfugiés la puissance de la désinformation des Soviétiques. Tous ces gens me racontaient les sévices, les morts, la cruauté. Au retour en France, avec Xavier Emmanuelli, nous étions allés sur TF1 raconter ce que nous avions vu et entendu. *Le Monde* nous traitait d'"agents de la CIA". » En 1978, il prend les rênes de Médecins sans frontières après en avoir évincé son cofondateur, Bernard Kouchner. Un différend stratégique. « Moi, je voulais soigner et lui intervenir sur les scènes de guerre, que l'on reste une petite structure à gérer des coups, être une sorte de "crabe-tambour", passer à la télévision. "On ne va pas faire une Croix-Rouge bis", me disait Kouchner. On s'est séparés. Il est parti créer Médecins du monde. » Dix ans plus tard, sous la présidence de Claude Malhuret, Médecins sans frontières devient la première ONG médicale au monde avec un budget consolidé de cinq cent millions d'euros en 1986 et une présence sur tous les terrains d'urgence de la planète. Elle reçoit le prix Nobel de la paix en 1999.

« Lorsque Georges Marchais a justifié l'invasion russe en Afghanistan et que Mitterrand a annoncé qu'il prendrait des ministres communistes, j'ai voté Giscard et commencé à travailler avec Alain Madelin. Pour les gens de gauche, c'était moi le traître. »

En 1986, dans le sillage de la « bande à Léo », il participe au gouvernement Chirac comme secrétaire d'État aux Droits de l'homme. Entre-temps, il se lance dans des études de droit à la faculté du Panthéon et devient avocat.

Claude Malhuret se plaît aussi à dire être « le plus vieux start-uper de France ». Il avait cinquante ans lorsqu'il a imaginé et conçu le site web Doctissimo.fr. Une des grandes réussites de l'Internet français. « J'ai vendu mes parts trop tôt. Une vraie connerie », soupire-t-il. En 2008, Doctissimo a été cédé au groupe Lagardère.

Et voilà que l'actualité le ramène à son inlassable combat. La Russie envahit l'Ukraine le 24 février. Le 1er mars, à la tribune du Sénat, plus question de faire de l'humour. Il prophétise : « Cette invasion pourrait être le premier clou sur le cercueil de la dictature de Poutine, comme l'invasion de l'Afghanistan fut le premier clou sur le cercueil de l'Union soviétique. Poutine est fou comme le sang est rouge. Confiné dans son bunker, il n'a pas vu le monde changer. Si on en est arrivés là, c'est en partie à cause de nos propres lâchetés, mais aussi parce qu'en leur sein les démocraties ont leur cinquième colonne : des gens souvent soudoyés par le Kremlin. » Et de citer à la tribune du Sénat « Vladimir Zemmour, Joseph Vissarionovitch Mélenchon, Anastasia

Le Pen, qui sont depuis longtemps les généraux de cette cinquième colonne. » (Applaudissements dans l'hémicycle.) « Leurs dernières déclarations, affirme-t-il, ont atteint des sommets. Le 8 janvier, Mélenchon disait qu'il ferait la même chose que Poutine, "avec un voisin pareil, un pays lié à une puissance qui les menace continuellement", sous-entendu les États-Unis.

« Marine Le Pen : "Mon point de vue sur l'Ukraine coïncide avec celui de la Russie."

« Quant à Zemmour, il affirmait : "Il faut arrêter de faire de Poutine l'agresseur, c'est Poutine l'agressé." »

Le sénateur concluait ainsi son propos : « Ceux qui vont gagner cette guerre sont ceux qui nous donnent une grandiose leçon de courage, guidés par leur président Volodymyr Zelensky, devenu en quelques jours un héros. Ceux qui vont gagner cette guerre, c'est le peuple ukrainien. » Applaudissements nourris des sénateurs. Au moment où je l'ai rencontré, Claude Malhuret s'apprêtait à partir en Ukraine, un voyage de trois jours avec six collègues sénateurs, dont Gérard Longuet, Philippe Dominati, quatre députés européens et son ami Alain Madelin. Ils sont allés à Lviv, puis à Kiev inaugurer avec le maire, Vitali Klitschko, la Maison de l'Europe. À son retour, il déclare : « Vous voyez, en pleine guerre, les Ukrainiens tiennent à montrer leur appartenance à l'Europe, quand certains chez nous voudraient la quitter. »

Que retient-il de cette visite ? « Je suis impressionné par la certitude tranquille des Ukrainiens de gagner la guerre. Ils ont mis en déroute les Russes dans le nord du pays et découvert que leur armée était bien désorganisée, presque un fantôme. J'ai rencontré des généraux ukrainiens, des types âgés de quarante ans, formés par les méthodes occidentales, qui savent penser une stratégie militaire, l'organiser sur le terrain. Et surtout ils sont gonflés à bloc : leur combat, c'est pour la liberté, l'État de droit, la démocratie. Des valeurs universelles. Leur combat est juste, contrairement aux soldats russes, qui arrivent hébétés et qui ne savent pas pourquoi ils sont là. » Ce qui renforce encore plus sa conviction : « Le boucher du Kremlin perdra cette guerre, et sans doute en même temps le pouvoir. La seule question qui se pose, c'est quand ? » On aimerait bien le savoir, en effet…

25 avril 2022

Alain Bauer, le grand maître de la coulisse

Alain Bauer ? Vous l'avez forcément remarqué dans les débats télévisés avec sa façon unique de se tenir : buste droit, menton relevé, un regard qui toise ou s'absente et cet air de contentement de soi qui ne va pas jusqu'à la prétention. Crâne rond et chauve, petite moustache. On voit un homme à l'aise, qui parle haut et que l'on ne contredit pas. On l'invite parce qu'il impressionne. « Mon métier c'est la sécurité, la défense, le renseignement », dit-il. Des sujets hautement sensibles en ces temps troublés. Parce qu'il intéresse, on l'attend. Pour chaque question, il a toujours une réponse étayée par une avalanche de faits, de chiffres. Il dissèque, tranche, assène, « convainc ». Son analyse est toujours originale. Un pédagogue et vulgarisateur hors du commun qui ferait croire qu'il est expert en tout et omniscient.

On perçoit derrière chaque intervention une longue accumulation de travail, de lectures, de renseignements puisés à des sources multiples et internationales. « Je ne dîne jamais en ville. Je me couche tôt, vers 22 heures, je dors peu. Réveil à 3 heures, à 3 h 45 je suis au bureau », dit-il. Puisque c'est son choix !

Longtemps Alain Bauer a préféré jouer les hommes de l'ombre pour acquérir de l'influence. Laquelle s'est bâtie grâce à des réseaux plus ou moins occultes. Il a été grand maître de la franc-maçonnerie, il en a démissionné deux ans plus tard, ce qui a renforcé son mystère. Et éveillé des fantasmes. On l'a dit agent de la CIA. On le craint car il a la dent dure. Sympathique, antipathique. Les avis demeurent partagés pour le raconter. Aujourd'hui, on le voit beaucoup à la télévision, il s'offre des bains de lumière. On le sent réconcilié avec lui-même, peut-être son besoin de reconnaissance est-il enfin étanché.

Alain Bauer. Il faudrait tout un roman en plusieurs volumes. Qui commence dès la naissance. La venue au monde de ce fils unique dans une famille juive dont les grands-parents avaient fui les pogroms, un 8 mai ! Ce jour où l'on commémore la victoire sur l'Allemagne nazie. Comment ne pas y voir un symbole de revanche, celui de la vie sur la mort ? Chaque 8 mai, au moment de souffler les bougies sur le gâteau, le vent de l'Histoire s'invitait à la fête.

L'enfant précoce et doué a compris d'instinct qu'il lui faudrait des relations pour réussir. À quinze ans, adolescent joufflu, il s'inscrit au Parti socialiste alors sis place du Palais-Bourbon. Ça n'est pas Mitterrand qui l'attire, mais Rocard. Trois ans plus tard, il entre au Grand Orient. Un investissement lourd. Il en est le plus jeune membre. À trente-huit ans, il sera son grand maître. Quel parcours.

« Je l'ai connu en 1980 à la fac de Tolbiac, raconte Manuel Valls. Il tranchait sur tout le monde par sa taille, sa corpulence. Il portait toujours un costume, une cravate, était déjà chauve et moustachu quand tous les camarades étaient en jean et portaient des cheveux longs. » On l'appelait le « gros bobo ».

« J'étais vieux quand j'étais jeune », reconnaît l'intéressé. Il est vrai que lorsqu'on regarde des photos de l'époque, c'est fou ce qu'il a rajeuni depuis qu'il a minci, ce qui implique qu'il a dû faire de sacrés efforts. La gastronomie, héritée d'un père gourmand et gourmet, est son autre passion. Il a été critique du guide Champérard (un concurrent du Gault et Millau) dont il est devenu quelques années plus tard propriétaire.

« Ce qui le distinguait encore plus des autres, poursuit Manuel Valls, c'est qu'il avait une pensée originale, une analyse du monde. Son langage n'a pas varié. C'était aussi un caractère joyeux. » À Tolbiac s'est noué un lien d'amitié indestructible entre Manuel Valls, Stéphane Fouks et lui. Tous les trois rocardiens. Du temps de leur idole à Matignon, on les appelait la « troïka ».

« Chacun savait ce qu'il voudrait faire plus tard, raconte Alain Bauer. Manuel voulait faire de la politique, Stéphane, de la communication. Moi, je ne voulais pas être devant la scène. Conseiller, directeur de cabinet de ministre, cela m'aurait bien plu. »

Il ne cesse d'étonner ses amis. À dix-neuf ans, il est élu vice-président de l'université Paris-1 Panthéon-Sorbonne. Manuel Valls en rit encore : « Il a pris le pouvoir. Il ne s'occupait pas seulement des étudiants, il gérait l'université, donnait son point de vue sur tout. Il avait une voiture et un chauffeur. » C'est peut-être pour cela qu'il a oublié de passer son permis de conduire. Jean-Christophe Cambadélis témoigne : « J'étais président de l'Unef [trotskiste], Bauer est venu me voir pour me proposer ses services. Je l'ai vu arriver costumé et cravaté avec, l'hiver, son loden sur les épaules et, l'été, son imperméable. Il n'enfilait jamais les manches. Il les portait comme une cape. Pour camoufler son embonpoint ? J'avais besoin d'un allié social-démocrate, je l'ai engagé comme vice-président. D'emblée, j'ai constaté qu'il avait des relations partout dans l'éducation, dans la police… et découvert sa fiabilité à toute épreuve. Dans les réunions, en petit comité, il argumentait, n'assénait rien, ses raisonnements étaient toujours paradoxaux et originaux, servis par une mémoire phénoménale. » En 1986, lors des grandes manifs contre la loi Devaquet (l'étudiant Malik Oussekine avait trouvé la mort), il était chargé de contenir les manifs, d'éviter les débordements. Alain Bauer prend des contacts avec la police, les renseignements généraux, est reçu par le ministre Devaquet, franc-maçon comme lui. Manuel Valls raconte : « Il nous a dit : "J'ai rencontré Charles Pasqua dans une église." » Et d'ajouter : « C'était peut-être un simple conseiller du ministre, mais c'est déjà énorme. » Le jeune Bauer (vingt-six ans) est connu comme le loup blanc dans la police.

Valls encore : « Un jour, je l'ai amené à une réception. L'ambassadeur d'Espagne recevait le roi Juan Carlos. En attendant le souverain, le couturier Paco Rabanne amusait les invités en lisant leurs lignes de la main. Il a dit à Alain : "Dans le passé, vous avez dû être Richelieu ou le père Joseph." Ce qui l'a enchanté. Après quoi, entre nous, on ne l'appelait plus que "Richelieu". »

En 1988, Michel Rocard s'installe à Matignon. La troïka jubile. Manuel Valls, qui était son attaché parlementaire, est chargé de sa communication et bientôt élu conseiller régional d'Île-de-France. Il faut bien vivre. Alain Bauer est souvent à Matignon. On le charge d'une mission sur la sécurité, sous la tutelle de Rémy Pautrat, ancien directeur de la DST. Ce qui lui ouvre beaucoup de portes au ministère de l'Intérieur où les policiers l'appellent le « colonel Bauer ». Plus tard, Jean-Pierre Chevènement le consultera aussi pour son colloque sur la sécurité. En 1997, il écrit dans *Le Monde* un papier intitulé « Pourquoi l'insécurité est le problème de la gauche ». On en parle dans le Landerneau. Sciences Po le recrute. Il publie un « Que sais-je ? », *Violences et insécurité urbaines*[1]. Après quoi tout le monde s'intéresse à la question. Il monte sa société. Des villes lui passent des contrats. Tout roule. Alain Bauer va rejoindre la Sarkozie. Dès juillet 2004 il est venu dire à l'homme que son nom figurait sur les fameux *listings* de l'affaire Clearstream. Un an plus tôt, Nicolas Sarkozy l'avait nommé président de l'Observatoire de la délinquance. « Il a été le premier à vraiment s'intéresser aux problèmes de sécurité. » Une époque où tout le gotha français défilait à New York, cornaqué par Alain Bauer pour voir ce qu'était l'organisation policière à la Giuliani, maire de la ville, un de ses amis.

Quand Hollande arrive à l'Élysée, Manuel Valls est ministre de l'Intérieur. Il tire son chapeau à son ami.

1. PUF, 1998.

« Alain a quitté toutes ses fonctions au ministère pour ne pas me gêner. »

Pour mesurer l'ampleur de son appétit, il faut lire son curriculum vitae, qui fait plus de trois pages en caractères serrés. C'est un cumulard. On ne cite pas tout : professeur, titulaire de la chaire de criminologie du Conservatoire national des arts et métiers, conseiller en terrorisme de l'académie de police de Chine et de la police de New York, professeur à l'École des officiers de la gendarmerie, professeur à l'École supérieure de police, à l'École normale de la magistrature. Il donne des cours au Québec, à New York, à Pékin. Anime des colloques dans de nombreux pays, multiplie les groupes de travail. Il coprésente avec Marie Drucker *Au bout de l'enquête* sur France 2.

Il y a aussi sa production littéraire. « On peut se faire une bibliothèque rien qu'avec ses livres », ironise Manuel Valls. Combien en a-t-il écrit ? Souvent en collaboration. « Au bas mot soixante-quinze dont quarante-deux "Que sais-je ?", et je ne compte pas les versions en anglais, en arabe, en italien, en espagnol… répond l'auteur. La majorité traite des questions de terrorisme. » Deux titres frappent : *Le Terrorisme pour les Nuls*[1], *Les Criminels les plus cons de l'Histoire*[2]. Dernier paru sur le sujet, *L'Espionnage pour les Nuls*[3]. Plusieurs ouvrages aussi sur la franc-maçonnerie. *Le Crépuscule des frères*[4], écrit lorsqu'il a démissionné

1. En collaboration avec Christophe Soullez, First, 2014.
2. First, 2020.
3. En collaboration avec Christophe Soullez, Edi8, 2022.
4. La Table Ronde, 2005.

du Grand Orient. Et *Le Dictionnaire amoureux de la franc-maçonnerie*[1]. Des livres sur la gastronomie dont le dernier paru fin 2021, *Les Confessions gastronomiques*[2]. Cinquante-neuf entretiens. Huit cent cinquante-huit pages !

On s'amuse aussi de sa collection de décorations. Commandeur de la Légion d'honneur, officier de l'ordre national du Mérite, commandeur des Palmes académiques, chevalier du Mérite agricole, grand-croix de l'ordre de Lafayette, etc. Tout Alain Bauer est résumé là. Il pourrait parler comme Mme de Maintenon : « Je ne mets pas de bornes à mes désirs. »

Évidemment on ne peut le quitter sans lui demander ce qu'il pense de la situation en Ukraine. « En juillet 2021, Poutine a écrit son *Mein Kampf*. "Nous sommes un seul peuple", a-t-il énoncé en parlant de l'Ukraine. Personne n'y a rien vu. Moi-même, j'ai raté l'offensive de Kiev. Je n'y croyais pas. Sur le papier, le plan Poutine était magnifique. Seulement rien n'a marché. Il a attendu la fin des Jeux de Pékin pour ne pas voler la vedette aux Chinois avant de lancer l'offensive. Ces quinze jours de retard ont été décisifs. Poutine est victime de la météo. Le dégel a commencé. Un phénomène qui s'appelle la "raspoutista" et qui est arrivé plus tôt que d'habitude. Les chars et les camions ne pouvaient plus avancer ni tourner dans la boue. Les Ukrainiens ont détruit les chars. En même temps, la résistance biélorusse a détruit les convois de ravitaillement russes pour l'offensive nord. Après, tout a été désorganisé. Les soldats qui sont allés

---

1. Plon, 2010.
2. Fayard, 2021.

autour de Tchernobyl, terres interdites, ont été irradiés, beaucoup sont morts ou sont condamnés. On estime à trente-cinq mille le nombre de tués et de blessés depuis le 24 février. Pour que les ordres soient suivis il faut des chefs sur le terrain. L'armée russe n'est pas encadrée. Il y a aussi la corruption. Pour cent euros de commande, dix seulement arrivent à la fin. Un vrai pillage. Il faut à Poutine une victoire symbolique, d'abord Marioupol, mais peut-être ensuite va-t-il détruire Odessa ou tout casser en Ukraine. Encercler, écraser est la seule chose que les Russes savent faire. Mais Poutine n'est pas fou, il est cohérent. La Russie est en train de mourir sur pied. Même si la guerre s'arrête demain, on est parti pour vingt ans de guerre froide. Demain, la Russie sera l'Iran des mollahs. Le plus terrible dans cette histoire, c'est que cette guerre se fait sous le regard amusé des Chinois. Au fond, les Russes ont bien plus peur des Chinois que des Américains. Les Américains ont plus peur des Chinois que de Moscou. Personne n'a peur de l'Europe. La Russie va perdre. Les Européens aussi. Il n'y aura qu'un seul gagnant : la Chine. »

Là se termine notre entretien. Au fait, j'allais oublier, bon anniversaire monsieur Bauer, soixante ans. Comme tous les ans, il l'a fêté samedi à midi, entouré de ses amis de toujours. La troïka et bien d'autres. Manuel Valls lui a apporté un cadeau, un livre sur Richelieu.

11 mai 2022

Jean Castex, un recours

Le président l'ayant qualifié de « Premier ministre exceptionnel », la rumeur courait qu'il pourrait rempiler. Stop ou encore ?

La question était incontournable. Énoncée sur un ton définitif assorti d'un grand sourire de vacancier, sa réponse part comme une fusée : « Je n'ai pas demandé à être Premier ministre, je veux cesser de l'être. »

Dehors, il fait grand beau, le ciel est d'azur, pas un nuage. « Venez voir. » L'encore Premier ministre m'invite à le rejoindre sur le balcon. Comment ne pas être éblouie par la magnificence du parc ? Chatouillées par une petite brise, les frondaisons printanières scintillent et les pelouses miment un tapis de velours.

Respectueux des traditions, à l'instar de ses prédécesseurs, il a planté un arbre. Un frêne. « Simple, solide, résistant. » Presque un autoportrait. Mais le Premier ministre n'entend pas seulement me faire admirer la magie d'un lieu qu'il va quitter sans regret : « J'ai demandé aux jardiniers d'où venait l'eau avec laquelle ils arrosaient. Ils m'ont répondu : "De la Ville de Paris." Avec un coût que vous imaginez ! L'hôtel de Matignon ayant été construit sur les terrains marécageux du faubourg Saint-Germain, appelés “la Grenouillère”, sur les plans de Turgot, j’ai demandé que l’on fasse quelques forages. On a trouvé de l’eau en quantité suffisante pour les besoins du parc. »

Des échafaudages encombrent la façade de Matignon. Sans que je m’y sois intéressée, il m’explique : « J’ai fait installer partout du double vitrage pour les économies de chauffage. » Façon subtile de souligner que ses prédécesseurs n’avaient pas engagé des travaux depuis longtemps indispensables. Aucun d’entre eux non plus ne s’était posé la question de l’arrosage, pourtant hissé en ces temps de réchauffement climatique au rang d’impératif écologique. Il faut être natif du Gers, avoir été maire de Prades, dans les Pyrénées-Orientales, pendant douze ans pour avoir dans les tripes cet instinct de la gestion de l’eau. Un savoir paysan. Il faut aussi connaître l’histoire de l’édification de la capitale pour avoir eu l’idée de commander des forages.

« Le Premier ministre a une immense culture historique, depuis sa jeunesse il a beaucoup lu et fabriqué des dossiers sur tout avec des photocopies de pages de livres d’histoire, d’articles de revues, aussi bien sur les rois de France que sur des personnages contemporains ou plus anciens », atteste Camille Pascal, sa plume à Matignon. Du temps de Nicolas Sarkozy à l’Élysée, leur bureau était mitoyen, une amitié est née. Et de fait, le Premier ministre qui fait ses bagages me montre quelques chemises blanches où il accumule ses trouvailles en vrac pour les garder en mémoire. Entre autres, l’une sur Moïse, l’autre sur les Templiers. Une curiosité éclectique.

Le Premier ministre vit ses derniers jours Rue de Varenne. On le sent revigoré. On est même étonné de le trouver aussi robuste physiquement après son marathon de deux ans. Doté d'un solide coup de fourchette, il est surveillé de près par son épouse, dit-on.

« Quand le président vous a sollicité pour être Premier ministre, c'était un choc, vous avez dû avoir mal à l'estomac ?

— Madame, j'ai eu mal à l'estomac pendant deux ans ! J'ai été nommé à Matignon, à ma grande surprise, dans un contexte de crise sanitaire dont on ignorait l'issue, avec un seul mot d'ordre : qu'elle n'hypothèque pas l'avenir. On ne peut pas être populaire en France en fermant des bars et des restaurants. Aujourd'hui 93 % d'entre nous sont vaccinés. Qui l'aurait cru il y a deux ans ? Je me suis donné sans limites à cette belle fonction. À 200 %. Heureusement, je dors peu, cinq à six heures, et je me suis organisé. »

Pour tenir le choc, il a fait venir auprès de lui sa femme, Sandra, et deux de leurs filles (le couple en a quatre). Une présence on ne peut plus discrète. Et aussi le chat et la chienne épagneule, Luna, la seule de la famille connue dans tout Matignon. Lors des réunions, dans la salle du conseil du rez-de-chaussée, elle venait gratter à la porte, obligeant des collaborateurs à lui ouvrir afin qu'elle file vers le jardin. Une demi-heure plus tard, l'opération se faisait en sens inverse. Un court moment de détente bienvenu pour tous.

« Lorsque le Premier ministre est au travail, il est très concentré, rien d'autre n'existe, témoigne un collaborateur. Le monde autour de lui disparaît. Il peut se montrer cassant. Il n'est jamais dans l'affect, la séduction ou la camaraderie. Parfois, on avait du mal à le comprendre. » Quelques privilégiés, invités à faire avec lui le tour du parc, apprécient alors son humour, sa décontraction, sa volubilité qui prenaient fin avec la promenade. « Il était toujours dans un grand stress, il en devenait distant, explique Camille Pascal. Il est sans doute le Premier ministre qui a le plus travaillé. »

Était-il difficile d'être un Premier ministre avec un président aussi jupitérien ? Vous vous en doutez, il me répond que non.

« Je lui ai demandé un déjeuner en tête à tête tous les lundis [faveur qu'Emmanuel Macron n'avait jamais accordée à Édouard Philippe, mais peut-être que celui-ci n'en avait pas exprimé le désir]. Mon directeur de cabinet et le secrétaire général de l'Élysée nous rejoignaient au café. Ainsi, nous avons pu nouer un dialogue constant. Il est toujours attentif au sort de nos concitoyens. Il tenait compte de ce que je lui disais. J'ai eu des marges de manœuvre. C'était un partage des tâches. »

Il se murmure qu'il est arrivé souvent que les deux hommes ne soient pas d'accord du tout. Mais ça ne s'est jamais su à l'extérieur. « Le dernier mot revient toujours au président, il est l'élu de la nation », dit-il. Ses collaborateurs témoignent : jamais Jean Castex n'a fait état de sa relation avec Emmanuel Macron.

Souvenir : Michel Jobert m'avait raconté que Georges Pompidou, dont il était le directeur de cabinet à Matignon, ne lui disait jamais rien de ses tête-à-tête avec le général de Gaulle. Pas même une allusion. Rien. Ce qu'il trouvait un peu frustrant, d'ailleurs.

Diplômé de l'ENA, Jean Castex fait partie de l'élite, dans sa version rustique. « J'étais le seul à avoir l'accent dans ma promotion. » Façon de me faire entendre qu'il a pu en souffrir ? Réponse lors de la passation de pouvoir avec Élisabeth Borne : « Hélas, je crains que pas une seule critique ne te sera épargnée, mais pas celle relative à ton accent. » Le signe d'une blessure non cicatrisée.

Il préfère se réjouir de ses origines gasconnes. « Ma mère votait Arlette Laguiller, elle venait d'un milieu enseignant très engagé. Mon père était plutôt de centre droit, comme mon grand-père qui a été sénateur.

— Les conversations devaient être épiques en famille ?

— Pas du tout, on aime trop la vie chez nous, c'est une terre d'équilibre, de tolérance, de compromis. Un très beau mot. La compromission, voilà l'ennemi. C'est ce que font les socialistes avec Mélenchon. C'est une tromperie idéologique. Olivier Faure ne peut effacer le congrès de Tours. »

Et d'ajouter : « Chez nous on se bagarre et puis c'est comme au rugby, il y a la troisième mi-temps. À la fin du match, on se retrouve tous ensemble pour boire un coup.

— Qu'est-ce qui vous a été le plus utile dans vos fonctions de Premier ministre ?

— D'abord, connaître l'histoire pour bien comprendre le peuple français, qui est très politique. C'est dans ses gènes. Dans notre inconscient collectif sont ancrées des notions de diversité, de différence et de grande complexité. Il faut savoir en tenir compte. Ensuite, avoir été maire de Prades. Quand les gens prenaient rendez-vous à la mairie pour me voir, je leur faisais répondre : “D’accord, je viens chez vous.” J’y ai appris des tonnes de choses sur la vie, sur le pays. Dès que vous entrez dans une maison, vous êtes à la fois le curé, l’instituteur, le docteur, le plombier… Il y a aussi les difficultés de voisinage, les chiens qui aboient, etc. Pour ces gens qui vous reçoivent, l’essentiel c’est d’être sincère. Ce qui n’entraîne pas forcément leur adhésion mais c’est un préalable. Ils s’interrogent : “Est-ce qu’il pense ce qu’il dit, va-t-il faire ce qu’il dit ?” »

À Prades, Marine Le Pen a obtenu 51 % des suffrages au second tour. Jean Castex avait été réélu avec 75 % des suffrages.

Aller voir les gens sur le terrain, c’est ce que Jean Castex, Premier ministre, n’a cessé de faire : trois cent cinquante déplacements en vingt-deux mois. Ses chefs de cabinet sont encore à genoux de fatigue. « J’arrivais sur place et je demandais : sortez-moi les dossiers encalminés. Tel projet hospitalier, ferroviaire… J’ai visité les centres de vaccination, les hôpitaux… Beaucoup de choses ont pu être réglées. »

Il poursuit : « La fonction de Premier ministre, c’est quatre exigences. La première, il faut que ça marche avec le président. En second, il faut diriger l’appareil gouvernemental et contrôler l’Administration, qui ne suit pas toujours. Ensuite, s’imposer devant le Parlement. Ce qui n’était pas le plus simple. Au départ, la majorité était très interrogative à mon égard, dubitative même, alors je me suis beaucoup investi, j’ai organisé des petits-déjeuners sur tous les projets. Je suis allé voir les députés dans leur circonscription. Aux questions au gouvernement, j’ai respecté tous les chefs de groupe, ils le méritent. Je les ai aussi reçus. J'étais là pour mettre de l'huile dans les rouages, pas pour faire l'intéressant, comme le disait ma grand-mère. Il n'y a jamais eu autant de commissions mixtes paritaires entre l'Assemblée et le Sénat. Mon premier devoir, c'était de faire en sorte que les choses fonctionnent de manière apaisée. »

Contrairement à la bonhomie qu'il dégage, l'homme n'est pas un tendre. Il a de l'autorité et veut se faire respecter. Quinze jours après sa prise de fonction, il exécutait sans état d'âme Marc Guillaume, le puissant secrétaire général du gouvernement. Pour avoir les mains libres parce que trop arrogant ? Parce que le pouvoir exécutif n'est pas un ménage à trois ?

« J'ai beaucoup aimé ce job, dit-il, parce que c'est très varié. J'étais un haut fonctionnaire. Aujourd'hui, je connais mieux le pays, mais je ne suis pas addict à la politique. Je remercie le président et le peuple français de m'avoir supporté. J'ai sûrement fait des conneries, il y a assez de thuriféraires pour faire un jour mon bilan. Pendant deux ans, je n'ai pas beaucoup lu la presse, je n'ai pas été sur les réseaux sociaux, pour me préserver. »

Jean Castex s'en va. Il ne voulait plus être Premier ministre : « Il s'est passé un événement majeur, la réélection du président. Les Français ont envoyé un message : ils ne voulaient pas des extrêmes mais ils ne souhaitent pas que cela continue comme avant. Ce n'est pas une réélection dans l'enthousiasme. Il faut un cycle nouveau. Je ne dis pas ça pour m'autoflageller, il faut une autre énergie que moi à Matignon. »

Qui pourrait croire qu'après avoir été Premier ministre il accepte de rester au gouvernement comme ministre ? Il ne veut pas non plus être élu député, ni sénateur. « Je crois qu'il a compris que l'exceptionnel ne dure pas, dit Franck Louvrier, qui l'a côtoyé à l'Élysée du temps de Nicolas Sarkozy. Il veut passer à autre chose. »

Son discours de passation de pouvoir sur le perron de Matignon a été très remarqué. Il sait parler du peuple. « J'ai confiance dans le peuple de France et les grands talents qu'il recèle. » Son hommage à ceux « que l'on n'entend jamais, qui mènent leur vie faite de heurts et de malheurs, n'occupent pas les chaînes d'info continue et sont la colonne vertébrale de la France » a touché beaucoup de gens. Il a aussi dit : « Je continuerai à servir notre pays. » « Quand je l'ai entendu prononcer ce discours qu'il avait écrit lui-même avant de le mémoriser, je me suis dit : le "castexisme" vient de naître », s'enthousiasme Camille Pascal. Certains voient en lui un recours…

Son entrée fut accompagnée de moues dubitatives, il quitte Matignon sous les applaudissements ! En guise d'adieu, Richard Ferrand, le président de l'Assemblée nationale, avec lequel il s'est toujours très bien entendu, lui a lancé : « Jean, tu n'as pas eu besoin d'aller à Rome pour la canonisation du père de Foucauld, puisque tu sors de Matignon béatifié par la presse. »

21 mai 2022

Notre « Queen »
Hélène Carrère d'Encausse

Parce qu'il émane d'elle quelque chose de souverain, c'est à la reine d'Angleterre, jubilé oblige, qu'aussitôt l'on songe en visitant Hélène Carrère d'Encausse. Peut-être aussi parce que l'une et l'autre ont rencontré la guerre, la grande Histoire. Souveraine ? Elle l'est, par son affabilité exquise alliée à ce fluide de l'autorité naturelle qui laissent deviner un surmoi d'acier. Elle l'est par son maintien aristocratique, sa vigilance à se tenir droite toujours, digne, à se montrer impeccablement coiffée, maquillée, à changer chaque jour de tenue, robe ou tailleur, toujours aux couleurs acidulées de bonbon anglais, celles qu'affectionne justement la reine Elizabeth. Un souci de l'apparence que les années n'ont pas émoussé et qui signale une garde-robe pléthorique immatriculée chez les boutiques des couturiers. Dernière touche immuable : des boucles d'oreilles et des colliers qui, par leur volume, attirent le regard. Des « bijoux fantaisie », de bonne facture, certes, mais qui ne peuvent rivaliser avec les joyaux de la Couronne britannique ! Ils lui ont été offerts par son mari, soutien et complice, Louis Carrère, aujourd'hui hélas souffrant.

Lors de notre rencontre, elle portait une robe de jersey de soie framboise, manches trois quarts, un collier de perles à trois rangs, avec fermoir en cabochon et des boucles d'oreilles à pampilles assorties. Parfaite !

« C'est notre tsarine », chantent en chœur les immortels. « Elle règne sur une sorte de Commonwealth de la culture francophone. L'Académie française, par l'origine de ses membres, est un véritable melting-pot », s'amuse Marc Lambron. Madame « le » secrétaire perpétuel de l'Académie n'a jamais voulu féminiser son titre. « Secrétaire perpétuelle ? On croira que je suis la dactylo », avait-elle ironisé. Lorsque Nicolas Sarkozy l'éleva au rang de grand-croix de la Légion d'honneur, il avait ainsi commencé son discours : « Madame le secrétaire perpétuel… pour vous faire plaisir, chère Hélène ! »

Elle reçoit dans son appartement de fonction au palais Mazarin qui donne sur la Seine. « À la Révolution, c'était une prison, on y logeait aussi les chevaux, précise-t-elle. Au début des années 1990, j'y avais rencontré Maurice Druon [auquel elle a succédé]. Un physique à la Sacha Guitry. L'emphase d'un Pierre Brasseur servie par un timbre de ténor léger. Un sacré personnage. Résistant, gaulliste. Auteur à succès avec *Les Rois maudits*, Prix Goncourt pour *Les Grandes Familles*. Je me souviens surtout qu'il m'avait reçue dans un épais nuage de fumée, tétant avec volupté un gros cigare. Il l'avait posé sur un cendrier, pour allumer aussitôt une cigarette, puis une autre. J'étais repartie, les yeux rougis, secouée par une quinte de toux incoercible, pressée de fuir pour aller respirer enfin. Sa femme, la pauvre Madeleine, avait dû elle aussi se mettre à la cigarette pour pouvoir supporter son addiction toxique. Après leur départ, il avait fallu changer la moquette, les rideaux, les tentures murales, tellement l'odeur du tabac les avait imprégnés », témoigne celle qui est la première femme à occuper ce poste prestigieux. Mais troisième à être entrée sous la Coupole, après Marguerite Yourcenar et Jacqueline de Romilly.

Au fait, en avait-elle rêvé, de l'Académie, cette chercheuse, diplômée de Sciences Po, historienne, grande spécialiste de la Russie ? (En 1978, dans son livre, *L'Empire éclaté*[1], elle annonçait la fin de l'URSS, ce qui est arrivé dix ans plus tard, pas vraiment comme elle l'avait prédit. Qu'importe, sa réputation de visionnaire était établie.) « L'Académie ? Je n'en avais jamais eu l'idée ! Un jour, mon ami Henri Troyat, historien et académicien, m'appelle : "Maurice Druon veut vous voir." Moi, je ne demandais rien. J'y suis allée. Il m'a proposé d'entrer : "Vous n'aurez pas à faire de visite, comme c'est la coutume, faites-moi une lettre et cela suffira." Je ne voulais pas être traitée comme un animal de zoo. J'ai écrit à tous les académiciens, Jean d'Ormesson m'a beaucoup soutenue. Lorsque Druon a démissionné six ans plus tard, nous étions trois en lice pour lui succéder : Pierre-Jean Rémy, Bertrand Poirot-Delpech. Mes confrères ont voté pour moi. Raison officielle de la démission de Maurice Druon : reprendre sa liberté de parole. Ministre des Affaires culturelles de Georges Pompidou, il avait déclenché une belle polémique en

1. Flammarion, 1978.

déclarant : “Les gens qui viennent à la porte de ce ministère avec une sébile dans une main et un cocktail Molotov dans l’autre devront choisir. Que l’on ne compte pas sur moi pour subventionner avec l’argent des contribuables les expressions dites ‘artistiques’ qui n’ont d’autre but que de détruire notre société.” Le monde de la culture organisa une énorme procession funèbre, silencieuse, pour symboliser la mort de l’expression culturelle. Françoise Giroud, dans *L’Express*, l’avait comparé à Jdanov, l’homme qui imposait aux écrivains, aux historiens, aux artistes, aux philosophes et aux musiciens des directives pour codifier l’idéologie stalinienne. Parfois, ma chère Françoise manquait de mesure. »

Que l’on ne compte pas sur Hélène pour créer des polémiques. « Moi, je suis là pour pacifier, je calme les gens. Nous sommes tous égaux à l’Académie, y compris le secrétaire perpétuel », dit-elle. Je l’interroge : « Pourtant, récemment, on a parlé de rififi chez les immortels ?

— Vous savez, il y a toujours eu des bagarres. Ça tiraille de temps en temps. On s’amuse beaucoup aussi. Si une escarmouche menace, elle ramène tout le monde à l’ordre. Il y a toujours eu des amitiés, des affinités qui se créent. “L’Académie ressemble à une classe de vieux élèves de terminale qui se sont accomplis et auxquels il reste le bonheur des récréations”, commente un immortel. C’était le bon temps d’il y a peu ! Certains membres vous glissent à l’oreille que l’un des leurs, récemment reçu, empoisonne l’atmosphère par la violence de son propos, son ton infatué et un manque de courtoisie élémentaire, qui minent le climat confraternel. L'un d'eux va jusqu'à dire : "Un virus est entré dans la Maison." »

Toute la compagnie salue bien sûr l'engagement de son Perpétuel. « Quand quelqu'un est malade, elle est très présente, lui rend visite. Elle continue de voir les veuves. Et aussi son courage. Elle n'arrête pas. » Entre les réunions du comité du Dictionnaire du jeudi, la relecture, qui est un travail de chien, et les commissions qu'elle préside toutes pour distribuer les prix (il y en a une cinquantaine), c'est « une turbine vivante ».

A-t-elle le pouvoir d'influencer les votes pour accueillir les nouveaux entrants ? Elle a la maîtrise du calendrier et un pouvoir certain de dissuasion, me répond-on. Lorsqu'elle désire qu'Untel soit élu, elle s'arrange pour que d'autres reportent leur candidature. Une semaine avant la cérémonie, l'impétrant et celui qui le reçoit doivent présenter leur discours devant une commission qu'elle préside. Marc Lambron raconte : « Je succédais au prestigieux François Jacob. Après avoir lu mon discours, Hélène m'a lancé, l'œil malicieux : "Vous avez oublié quelque chose." "Et quoi donc ?", lui répondis-je. "Il était beau !" Hélène aime bien les messieurs bien tournés », sourit-il.

À l'Académie, elle est en mission. « Notre éducation s'est écroulée, on n'apprend plus à lire en France. Les enfants ne comprennent plus ce qu'ils lisent. Or c'est la langue qui unifie une société et un pays. Quand tous les repères s'effondrent, l'essentiel est que l'on parle un beau français. » Au fond, on la sent comptable de la pérennité de l'Institution, fondée en 1635 par Richelieu. Pour elle, c'est un honneur de se vouer à cette tâche. « Je ne supporte pas que l'on mette en cause le rayonnement de la France. Partout où je suis allée, j'ai été frappée par la passion de la langue française. » Et elle peste, mais oui, contre Mme Hidalgo qui a déboulonné la statue de Voltaire. Elle n'est pas peu fière d'annoncer que la neuvième édition du Dictionnaire sera achevée l'an prochain. La première est sortie en 1692.

Jean-Marie Rouart salue la combattante. « Hélène a su dompter sa vie d'une façon magnifique. Il lui a fallu une détermination de fer pour remonter les courants de l'Histoire. C'est un personnage de roman. » Elle est née à Paris d'un père géorgien, Georges Zourabichvili (elle est cousine de l'actuelle Première ministre de Géorgie) et d'une aristocrate germano-russe, Nathalie von Pelken. Ils avaient fui leur pays après l'invasion de l'Armée rouge en février 1921, pour venir vivre à Paris où personne ne les attendait. Il est dur de se retrouver sans un sou, à vivre à quatre, ses parents, elle et son frère, dans une pièce de vingt-quatre mètres carrés avec des caisses qui servent de meubles. « Mon père parlait cinq langues. » Diplômé de philosophie et d'économie, il a disparu à la Libération dans des conditions dramatiques. Un malheur dont on ne parle pas, on l'affronte en silence. « *Never explain, never complain.* » « La chance des femmes aura été d'avoir des difficultés qui les ont obligées à être meilleures que les hommes », dit-elle. Sa philosophie.

Bien sûr, on évoque la guerre en Ukraine. Il y a quelques mois, elle avançait que jamais Poutine ne se lancerait dans cette aventure.

« J'étais certaine qu'il ne ferait pas une ânerie pareille, les arguments contre étaient tellement plus forts que les arguments pour. Je suis aussi convaincue qu'il n'est pas fou, il a sa logique. En arrivant au pouvoir, Poutine a songé un temps à s'adapter à la vie internationale. L'Europe était ouverte. Et puis, il a eu le sentiment que la Russie comptait pour du beurre, qu'elle intéressait moins, du fait de l'élargissement de l'Union européenne. Alors, l'ex du KGB a repris le dessus. Il a voulu récupérer ce qui avait été perdu en 1991. Il a cru qu'il referait la balade de 1968 en Tchécoslovaquie : la fin du printemps de l'Ukraine comme celle du printemps de Prague. Quand il a mis la main sur la Crimée, il ne s'est rien passé. »

Comment peut-on gouverner un pays en lui mentant autant ? « Le mensonge a toujours existé. Lors de mon premier voyage en URSS, en 1970, l'hôtesse de l'air était venue me voir, prenant une mine apitoyée. "Ça doit être terrible, me disait-elle, d'habiter dans un pays capitaliste, comment on fait pour vivre et manger ?" Aujourd'hui, on est sidéré d'entendre Lavrov, le ministre des Affaires étrangères, un homme très intelligent, avancer autant de contre-vérités. Cela fait partie de la survie dans le système. Poutine est stupéfait que l'on ose lui tenir tête. Il terrifie tout le monde. »

Le croit-elle malade ? « Un temps il avait la tête gonflée à cause d'un lifting. C'était son ami Berlusconi qui lui en avait donné l'idée. Cette guerre va l'isoler de plus en plus. Il a signé son acte de mort politique. C'était la chose à ne pas faire. » Que Dieu l'entende !

8 juin 2022

Maurice Lévy, puissance et gloire

Pour fêter le 90e anniversaire de Publicis, en 2016, Maurice Lévy tance ses équipes : « Trouvez-moi une idée. » « Et si l'on finançait quatre-vingt-dix start-up ? » Suggestion retenue. Un concours est lancé : six mille cinq cents réponses. « Il faudra trier tout cela, puis réunir tous ces gens. »

Voilà, nous y sommes. Mercredi, porte de Versailles, s'ouvre la 6e édition de VivaTech, méga-Salon de l'innovation et des technologies nouvelles. Quelque mille cinq cents participants, trente-cinq pays représentés, cent vingt mille visiteurs attendus, des centaines de milliers d'échanges en live, une navette avec Roissy… L'événement est devenu mondial. Il y passera quatre jours.

Un bon prétexte pour lui rendre visite dans ses bureaux des Champs-Élysées. L'affabilité des hôtesses, l'empressement de son assistante, la déférence du vigile en disent long sur l'adhésion respectueuse de la maison envers celui qui est une légende. L'homme impressionne. Il y a l'allure, la stature, le charisme, cette force qui émane de lui comme étrangère à la fatigue. Son accueil est chaleureux, enveloppant, naturel et réservé à la fois. Alors, il intimide. Mais il se raconte sans une once de forfanterie. Un itinéraire singulier qu'il a lui-même balisé d'instinct, comme si la main du destin le guidait.

Ingénieur en informatique, à vingt-neuf ans il travaille depuis six ans dans l'agence Synergie, troisième de France derrière Havas et Publicis, deux cent cinquante salariés. Un jour, le patron l'invite à déjeuner. « Je veux vous nommer directeur général.

— Pourquoi moi ?

— Parce que vous êtes le meilleur. »

D'autres que lui auraient sauté de joie. Lui en est presque choqué. « Si je suis déjà le meilleur à vingt-neuf ans, c'est que je ne suis pas dans la bonne agence. » Il décline la proposition. Quelques jours plus tard, appel de Claude Neuschwander, secrétaire général de Publicis. « J'ai pris la responsabilité de l'informatique, je n'y connais rien. Voulez-vous venir vous casser la gueule avec moi ? » Formulée comme ça, cette fois, l'invite lui agrée.

On est en mars 1971. « Ma vie a commencé à Publicis », lâche-t-il. Marcel Bleustein-Blanchet veut le rencontrer. Il est le patron mythique, fondateur de Publicis, inventeur de la publicité. Résistant, il a rejoint de Gaulle à Londres. Après 1958, il était le seul à pouvoir dire au Général après l'une de ses interventions : « Vous avez été très mauvais, on ne rentre pas chez les gens avec son képi. » Il osait lui poudrer le nez. « Vous devez briller, mais pas comme ça. »

Le jeune homme est reçu dans son bureau du dernier étage, autour d'une petite table de bridge. Il remarque au mur un Degas, un Renoir, un Picasso ; des bougies parfument la pièce. « J'étais très intimidé. Il m'a posé des questions sur l'informatique. J'ai parlé pendant plus d'une heure. Je lui ai même dit : "Un jour, vous vendrez des ordinateurs au drugstore !" À la fin de l'entretien, il m'a lancé : "Un jour, vous dirigerez la maison." Le soir, j'ai rapporté son propos à ma femme. Elle m'a répondu : "Oh, il doit dire cela à tout le monde." Je n'y ai plus pensé. Nous étions soixante, on s'est mis à la tâche pour bâtir l'outil informatique maison, tout mettre sur disques. Les factures des clients, leurs ordres, toutes les campagnes en cours et puis les salaires… Marcel ne discutait pas sur le budget. On était équipés avec ce qu'il y avait de mieux. J'ai tout de suite compris qu'il fallait protéger ces données, les mettre à l'abri dans des coffres ignifugés. »

Septembre 1972, la catastrophe. Un incendie ravage l'immeuble. Tout brûle, y compris les tableaux du patron. Vers 23 heures, Maurice Lévy sort d'un restaurant rue du Colisée, à deux pas de Publicis. Les pompiers l'empêchent d'approcher. Détail inouï : deux jours avant, il avait fait venir une entreprise spécialisée dans la sauvegarde informatique qui lui avait donné ce conseil : le soir, ne laissez pas les clés sur les coffres. S'il y avait un incendie, elles fondraient et ce serait très difficile ensuite de récupérer leur contenu. « Ce que j'ai fait le soir même. »

À 4 heures du matin, empruntant un casque et une veste en cuir, il récupère ce qui peut l'être, comme des papiers à en-tête. Ouf, l'essentiel est intact dans les coffres. Publicis est sauvé. Dans une vie, cela s'appelle le « baptême du feu ». Après ça, il sera le dauphin. Forcément !

« On a travaillé non-stop pendant quatre jours et quatre nuits. Je me suis même surpris à dormir debout. Grâce au matériel, on a pu reprendre le travail très vite, payer les fournisseurs à temps et les salaires. On n'a pas manqué une seule annonce, une seule campagne. Sur le plan de l'aventure humaine, on a vécu quelque chose d'exaltant. »

Août 1973 : « Marcel m'invite à déjeuner. "Je vous nomme directeur général de Publicis Conseil." Je lui réponds : "Je ne suis pas créatif, vous n'avez pas envie de moi. Je préfère être auprès de vous secrétaire général pour finir de régler tous les problèmes causés par l'incendie." » Pour la deuxième fois, il dit non à une promotion ! Mais sa tâche de couteau suisse lui permet d'avoir une connaissance unique du fonctionnement de la maison et de ses équipes.

Marcel revient à la charge en avril 1975 : « "Cette fois, Maurice, je vous nomme." J'ai dit : "Oui, mais à condition que vous nommiez aussi votre neveu Claude Marcus." »

Période on ne peut plus faste. « On gagnait tous les budgets les uns après les autres. Le premier échec, on l'a eu après vingt-cinq victoires. Marcel nous disait : "Pour gagner, il faut savoir perdre." Et moi je lui répondais : "S'il y a un succès, c'est l'équipe, s'il y a un échec, c'est moi." Et il n'y a pas une seule fois où, après une victoire ou un échec, je n'ai pas fait l'autopsie de ce qui nous était arrivé. J'en ai conclu que l'on apprend peu de ses succès mais beaucoup de ses échecs. »

À l'époque, Jacques Séguéla était une grande vedette avec son agence RSCG. Il préparait la campagne de François Mitterrand. « Il me disait : "Toi, tu es un informaticien." Je lui répondais : "Et toi, tu es un pharmacien." Marcel n'a jamais voulu que Publicis fasse des campagnes politiques. "Je peux garantir la qualité d'un produit, je ne peux pas garantir les promesses d'un candidat." »

Maurice Lévy pense à l'international. L'ennui, c'est que, pour Marcel, le plus loin, c'était l'Angleterre. Il adorait les Anglais. En 1972, il avait racheté les réseaux d'agences Philips et Farner. « Moi, je lui disais : "On doit aller à New York." En 1981, nous y avons installé une agence au-dessus du cinéma Le Paris. »

« Marcel était béat d'admiration devant Maurice. Il le couvait d'un regard presque amoureux », note une proche qui a bien connu l'époque. Maurice Lévy avait sauvé Publicis des flammes. Au milieu des années 1980, il juge que la survie de l'entreprise passe par la mondialisation. Marcel lui rétorque : « Les Américains ont déjà tout, et les Chinois… vous parlez chinois, vous ? » Mais le patriarche laisse faire et lui passe le relais en 1987. Maurice devient président du directoire de Publicis.

En 1988, il conclut une alliance avec l'agence FCB. Publicis devient deuxième réseau en Europe. Mais un nouveau patron arrive et entend prendre le contrôle du groupe français avec des méthodes d'une rare violence. « On fouillait ma chambre d'hôtel, on écoutait mes communications et lui me disait : "*It's not personal, it's business*, Maurice." On a fait un procès. J'ai gagné. Une bonne leçon. »

Lorsque Marcel Bleustein-Blanchet meurt, en 1996, Élisabeth Badinter, sa fille, devient présidente du conseil de surveillance. « Elle m'a toujours soutenu. Notre entente est parfaite. »

Suivent les rachats de l'anglais Saatchi & Saatchi, de l'américain Bcom3. « Cela a changé complètement notre taille, avec une ouverture vers le Japon. On est devenu le troisième groupe mondial. »

Vint le tour de Digitas. « On entrait dans une nouvelle dimension. On avait un savoir-faire dans la technologie qu'aucune agence n'avait eu jusque-là. » Puis l'acquisition de Sapient a contribué à en faire le leader de la communication digitale.

Maurice Lévy a planté le drapeau Publicis sur tous les continents. Un travail exceptionnel. Le groupe est troisième sur la place mondiale, mais premier dans les secteurs d'avenir comme le numérique.

Le 1er juin 2017, Maurice Lévy a cédé la place à son dauphin, Arthur Sadoun. « La transition s'est faite de façon remarquable, c'est bien Arthur le patron. Maurice est toujours là. Arthur l'a souhaité. Entre eux, il y a une formidable histoire », se réjouit Agathe Bousquet, présidente de Publicis Groupe France, qui ajoute : « On est une famille. Il y a une grande affection et une admiration pour Maurice. Un immense stratège, sa porte est toujours ouverte. Quand on a des soucis, des peines, il envoie un mot, des fleurs. »

« Oui, il ne faut pas craindre de venir me voir pour avouer une connerie. Tout le monde a le droit à l'erreur », dit l'intéressé.

Ce qui frappe, en effet, c'est l'attachement qu'il suscite. Jean-Paul Agon, ancien patron de L'Oréal et ami de trente ans, explique : « Ce qui le distingue des autres, c'est qu'il a la vista sur tout. On peut tout lui dire, on peut tout se dire, c'est unique. »

Ses relations sont de tous horizons. Exemple, en 1996, il raconte : « Le cardinal Lustiger m'appelle : "Les Journées mondiales de la jeunesse vont avoir lieu en France dans un an. Le pape Jean-Paul II va venir à Paris, j'ai besoin de votre aide.

— Vous êtes sûr qu'avec le Vatican ça ne posera pas de problème ? Je m'appelle Lévy et il y a Marcel Bleustein…

— Eh bien, moi, je m'appelle bien Lustiger !"

« Bientôt je lui soumets deux projets d'affiche, une tour Eiffel transformée en croix avec deux slogans : "Levez-vous, n'ayez pas peur", ce que Jésus avait dit aux apôtres. Et l'autre : "L'espérance ne déçoit pas." Le cardinal m'appelle, inquiet : "Ça ne fait pas trop catho, vos affiches ?

— La France est la fille aînée de l'Église et elle a abrité des papes à Avignon."

« Marcel, un soir, me dit : "J'aimerais tellement que le pape m'accepte comme partenaire de l'Église. Je trouverais ça merveilleux." Le lendemain, il est mort.

« Huit jours plus tard, coup de fil du cardinal : "Je devais vous appeler le matin de la mort de Marcel, pour vous annoncer que le pape a choisi Publicis. Mais il y a tout de même un problème.

— Ah bon, et lequel ?

— Votre budget est trop élevé !

— Dieu y pourvoira, lui dis-je, et je ne veux pas d'honoraires.

— Mais pourquoi ne me l'avez-vous pas dit avant ?

— Parce que je voulais être choisi pour la campagne.”

« J’ai recueilli des fonds pour payer la campagne, mais j’ai dit au cardinal : “Je veux voir le pape et je voudrais qu’il reçoive les grands donateurs, qui feront une photo avec lui.” Lorsque je l’ai rencontré, il m’a demandé : “Mais pourquoi avez-vous fait cela, puisque vous ne gagnez pas d’argent ?” »

Et Maurice Lévy de mimer le pape et son accent ! « Je lui ai répondu : “Parce que j’espère qu’un jour vous direz une phrase sur le comportement de Pie XII pendant la Shoah, pourquoi ne l’avez-vous pas condamné ?

— Parce que ce n’était pas une obligation.” »

Quelques mois plus tard, le pape exprime ses regrets sur le comportement de certains membres de l’Église pendant la guerre.

Une autre histoire : « Plus récemment, un évêque irlandais m’a demandé de participer à un séminaire pour enseigner à quatre cents évêques les techniques de la communication. J’ai dit OK, je viendrai, mais je voudrais voir le pape François. Le soir, je me suis adressé à lui en espagnol pour lui dire que j’aimerais beaucoup qu’il incite l’Israélien Netanyahou et le Palestinien Abbas à dialoguer. “Vous êtes une puissance spirituelle, vous pouvez les convaincre, invitez-les au Vatican.” Le pape m’a répondu : “*Me toca el corazón.*” Et puis un homme s’est approché pour lui parler à l’oreille. “Ah, on me dit qu’il ne faut pas le faire.

— Mais vous êtes le pape…”

« On en est restés là. » Tellement jésuite, ce pape…

12 juin 2022

Macky Sall, l'inquiétude du sage

Être élu président de l'Union africaine (pour un an) quelques jours avant le déclenchement de la guerre en Ukraine, quelle coïncidence, quel symbole aussi ! C'est se trouver propulsé porte-parole, avocat de cinquante-cinq pays et de 1,4 milliard d'habitants qui s'alarment d'être victimes d'une guerre qui n'est pas la leur avec cette calamité qui s'appelle la famine.

Ce rôle a échu à Macky Sall, le président du Sénégal. Ce qui lui confère une grande aura internationale. Un homme connu pour être habile, pragmatique, modeste. Pas un idéologue, même s'il fut maoïste dans sa jeunesse.

« C'est un leader de premier plan, respecté. Son pays ouvert sur le monde fonctionne. Il a une grande légitimité à faire entendre aujourd'hui la voix de l'Afrique », note Maurice Gourdault-Montagne, ex-ambassadeur et sherpa de Jacques Chirac.

Accompagné du Tchadien Moussa Faki, président de la Commission de l'Union africaine, Macky Sall a rencontré Vladimir Poutine pendant trois heures quarante à

Sotchi. Une station balnéaire au bord de la mer Noire, célèbre pour ses palmiers.

Ensuite il était à Paris, où il a été reçu par Emmanuel Macron. Un grand témoin à rencontrer absolument en ces temps si troublés quand on est en quête d'espoir.

Rendez-vous à la résidence de l'ambassadeur du Sénégal, dans le 16e arrondissement. Samedi à la mi-journée, il y régnait une ambiance de ruche joyeuse. Des femmes, en longues robes colorées, certaines enturbannées. La diaspora était venue le saluer et l'attendait dans les jardins. Le président a enchaîné les rendez-vous toute la nuit. « Il n'a pas dormi », me confiaient ses collaborateurs, qui ne cachaient pas leur fatigue tout en admirant l'inépuisable vitalité du patron. Un ministre me racontait avoir fait partie du cabinet de Michel Rocard, un autre évoquait les « trois siècles de compagnonnage du Sénégal avec la France ». Un intellectuel proche du président disait l'importance à ses yeux du français, « un ciment dans beaucoup de pays d'Afrique centrale ». Et d'évoquer le souvenir du grand ancêtre, le président Senghor, normalien, académicien, ami de Georges Pompidou. Tout en déplorant l'influence des réseaux sociaux, qu'il qualifiait d'« asociaux », sur la jeunesse en Afrique.

Un autre montrait un tweet qu'il venait de recevoir. Sous le titre « Le respect rapproche », deux photos : celle de la rencontre de Macky Sall avec Vladimir Poutine, les deux hommes assis dans des fauteuils juste séparés par une petite table basse ornée d'un bouquet, et celle de la réception d'Emmanuel Macron au Kremlin, où une table de six mètres, sorte de grosse meringue glacée, qui indiquait la température de la rencontre, l'éloignait de Vladimir Poutine. Seul moment d'irrévérence envers la France.

Samedi, le président recevait en tenue traditionnelle. Boubou blanc et calot sur la tête, il n'en paraissait que plus grand et imposant.

Son parcours politique ? Toute une histoire. Compagnon de route de l'ex-président Wade, il fut son Premier ministre et son dauphin. Mais, à la suite de désaccords divers et variés, Macky Sall a rompu. Il s'est fait élire au Parlement, a fondé son propre parti : l'APR (Alliance pour la République). En 2012, il se lance dans la course à la présidentielle, est élu. Et réélu en 2019 avec un record historique de participation et un score de 58,26 % des voix, loin des 90, voire 95 % légendaires dans les élections africaines. Un score pas trafiqué, pour une fois.

Président bâtisseur, dès son premier mandat il a fait jaillir de terre une ville nouvelle, à trente-cinq kilomètres de Dakar, pour désengorger la capitale. D'ici à 2030, elle comptera trois cent cinquante mille habitants. Son nom : Diamniadio (pas facile à prononcer). À dix-sept kilomètres du nouvel aéroport construit par les Turcs, la ville s'honore d'un mégacomplexe sportif, lui aussi construit par les Turcs. Il y a deux ans, invité par le Medef, le président Sall avait lancé aux patrons : « Venez investir au Sénégal ! N'ayez pas peur, nous parlons français, pas chinois ! »

Celui qui a installé des milliers de panneaux solaires au Sénégal sait que la force de son pays est aussi d'avoir du gaz et du pétrole. L'Afrique, étant le continent le moins pollueur de la planète, le moins historiquement responsable du réchauffement, entend exploiter ses énergies fossiles pendant encore plusieurs décennies. Au nom de la justice climatique, Macky Sall plaide pour que le gaz soit considéré comme une énergie de transition, la meilleure manière aussi de lutter contre la déforestation, car on utilise encore beaucoup le bois pour cuisiner. La guerre en Ukraine et la nécessité pour les Européens de trouver des alternatives au gaz russe ont déjà modifié la donne. Les engagements pris lors de la COP26 à Glasgow sont moins tangibles.

Olaf Scholz, chancelier d'Allemagne, était en visite officielle à Dakar il y a un mois. Il a confirmé au président Macky Sall sa volonté d'accompagner le pays dans l'exploitation de ses immenses gisements offshore, dont une partie sera mise en production en 2023. *Business as usual !*

« Nous sommes dans une nouvelle période historique de l'Afrique. Ses dirigeants ont le monde entier dans leur salle d'attente », note Antoine Glaser, grand spécialiste du continent.

« Comment sont vos relations avec Vladimir Poutine ?

— Dès l'invasion, je lui ai téléphoné pour lui dire qu'il fallait respecter la souveraineté de l'Ukraine et travailler à un cessez-le-feu rapide, et je l'ai alerté sur la pénurie de blé qui se profile déjà dans l'approvisionnement de l'Afrique. Il m'a répondu qu'il était disponible pour me recevoir. »

Le 2 mars, un vote à l'ONU déplorait l'agression de la Russie et exigeait le retrait immédiat de ses troupes sur le territoire ukrainien. Vingt-huit pays africains ont voté la résolution, le Sénégal s'est abstenu avec quinze autres. Un choix que revendique Macky Sall :

« L'abstention ne signifie pas un soutien à la Russie. Dans cette guerre, il y a bien un agresseur et un agressé. Mais mon devoir, c'est de parler à la Russie. Le marché d'approvisionnement étant bloqué, je dois préserver notre continent des méfaits de la guerre. La malnutrition peut engendrer des bouleversements politiques très graves qui vont déstabiliser les pays en Afrique et au-delà avec des vagues migratoires vers l'Europe.

« Le 18 mai, Vladimir Poutine m'a demandé de venir le voir. Je lui ai dit : avant d'aller à Moscou, je veux le feu vert de la Commission de l'Union africaine. J'ai accepté son invitation le 3 juin.

— Comment l'avez-vous trouvé ?

— Ne me demandez pas son bulletin de santé. Je ne suis pas non plus son psychanalyste, répond-il en riant. Je crois qu'il a pris conscience de la situation [l'ONU évoque des avalanches de famine] mais elle est aggravée, a-t-il souligné, par les sanctions européennes sur les modes de paiement. Je lui ai dit que nous ne demandons pas d'aides. Nous voulons payer, mais cela devient impossible. Alors, nous demandons aux Européens le même mécanisme que pour le gaz et le pétrole [un sujet qui sera traité au Sommet européen des 27 et 28 juin].

— Trente-cinq pays africains sont dépendants de la Russie et de l'Ukraine pour le blé et vingt-deux, pour les engrais.

— Le Sénégal est autosuffisant pour son alimentation à 80 % grâce aux productions locales de céréales : le mil ou le riz. Le plus important pour nous, ce sont les engrais. Il faut fertiliser les terres, et nous avons pour cela un laps de temps très court, un mois, un mois et demi, pas plus. On utilise un peu d'engrais parce qu'on n'est pas riches, mais sans engrais on ne produira pas assez de céréales locales. Alors que va-t-on faire ? La déstabilisation de l'Afrique pour cause de famine, c'est aussi important que l'issue de la guerre en Ukraine aujourd'hui.

— Que vous a dit Poutine ?

— Qu'il ne voyait pas d'inconvénient à libérer le blocus du port d'Odessa afin que des bateaux viennent charger des cargaisons de blé.

— Et vous le croyez ?

— Il l'a dit devant moi et devant Moussa Faki. En plus, son ministre des Affaires étrangères, Lavrov, a répété à Ankara que la Russie s'engageait à garantir la sécurité des couloirs maritimes et qu'elle n'en profiterait pas pour attaquer le littoral ukrainien, qu'il n'y aurait aucun acte hostile.

— Mais vous savez que Lavrov ment beaucoup ? »

Silence.

« Que vous a-t-il dit d'autre ?

— Que l'entrée dans l'Otan de la Suède et de la Finlande ne lui posait aucun problème.

— Ah bon, c'est très nouveau, ça.

— Oui, cela m'a étonné, en effet. Je lui ai dit qu'il fallait stopper ce conflit, et vite. Il m'a répondu qu'il avait été en discussion avec l'Ukraine, lui avait fait des propositions de sortie de crise, mais que les discussions s'étaient arrêtées [ce que les Ukrainiens réfutent]. J'ai insisté : il faut arrêter. Nous aussi, en Afrique, nous avons eu nos guerres, tribales, de libération, terroristes… et on sait qu'à chaque fois c'est un cortège de malheurs, de désolation. Alors, peu m'importe qui a tort, qui a raison… Il faut arrêter. Il faut un cessez-le-feu.

— Vous avez compris Emmanuel Macron lorsqu'il a dit : “Il ne faut pas humilier la Russie” ? [Il s'est mieux expliqué jeudi à Kiev.]

— Oui, le président Macron dit des choses très sensées. L'Histoire lui donnera raison. Un chef d'État ne doit pas agir seulement sous le coup de l'émotion. Il doit tenir compte des réalités. L'urgence, c'est de stopper le conflit, mais en même temps il soutient l'Ukraine. L'Europe est un acteur majeur de la paix, l'ONU peut aussi jouer un grand rôle.

— La France a-t-elle eu raison d'intervenir au Mali ?

— Oui, j'ai toujours salué son intervention, seulement une armée étrangère ne peut pas rester longtemps dans un pays. Et puis, le Mali, c'est grand comme huit ou neuf fois le Sénégal : un million deux cent mille kilomètres carrés.

— Au Mali, les Russes sont à la manœuvre. Ils ont financé les campagnes de désinformation et ont fait monter un sentiment antioccidental et antifrançais, faisant passer les auteurs du coup d'État militaire et les miliciens de Wagner pour des libérateurs. Vous n'êtes pas inquiet pour le Sénégal ? Cette désinformation ne vous fait pas peur ?

— Le désamour de l'Occident dans toute l'Afrique, celui de la France dans tous les pays francophones vient des réseaux sociaux entretenus par des activistes. Au Sénégal, l'âge moyen est de dix-neuf ans. Ils n'ont pas connu la colonisation, ils sont très influençables. C'est vrai qu'il y a urgence à savoir qui actionne ces réseaux. Il va falloir qu'on s'adapte. Vite. »

Et de conclure :

« Mon but est de servir l'Afrique et mon pays, le Sénégal. Je voudrais que l'Afrique fasse enfin partie du G20. C'est un continent en devenir. Ses avis doivent être pris en compte. »

J'ai rencontré samedi un jeune (soixante ans) vieux sage !

18 juin 2022

Bruno Retailleau, celui qu'on n'attendait pas

Du fiasco électoral retentissant de Valérie Pécresse – quelle claque ! –, Les Républicains ont tiré cette leçon : fini les primaires. Basta ! Reste à trouver l'oiseau rare. Il faut remplacer Christian Jacob. Élection fixée en décembre. Alors qui ? Laurent Wauquiez, président de la région Rhône-Alpes depuis 2016 dont on loue la gestion, est vite désigné. C'est le plus bel oiseau. Bon physique, bon âge (quarante-sept ans). Côté diplômes, c'est presque le trop-plein : Normale sup, Sciences Po, DEA de droit public, ENA dont il est sorti major. De l'expérience politique : député à vingt-neuf ans, maire, plusieurs fois ministre. Surtout, il a déjà présidé le parti LR. Le 10 décembre 2017, il était élu avec 74,4 % des suffrages sur une ligne, celle d'« une droite qui soit de droite ». Il entendait récupérer les électeurs partis au Front national. Xavier Bertrand avait, lui, pris la poudre d'escampette.

Dix-huit mois plus tard, un score historiquement faible de LR aux européennes (8,4 %) poussait à la démission le président en parka rouge qui circulait à vélo – la marque Wauquiez. Pour lui, un très mauvais souvenir. Pour nous, c'était il y a une éternité. Un an plus tôt, devant des étudiants à Lyon, il s'était lâché, prônant la démission de Darmanin accusé de viol (affaire qui s'est soldée par un non-lieu), accusant Sarkozy de contrôler les téléphones portables de ses ministres, alors que c'est lui qui irritait le président en envoyant des SMS aux journalistes pendant le Conseil des ministres. Il moquait l'absence de charisme d'Angela Merkel, etc. Un président de parti ne devrait pas dire ça. Affligeant, déroutant, enfantin. Et pénalisant : « Wauquiez suscite beaucoup d'anticorps, le décalage est trop grand entre ses qualités intellectuelles indéniables et sa personnalité malveillante, insincère, opportuniste », *dixit* un élu. Sollicité depuis le mois de juin, le président de région s'est récusé le 17 juillet sur les réseaux sociaux : « Après avoir beaucoup réfléchi, j'ai décidé de ne pas être candidat à la présidence des Républicains, je ne veux pas reprendre les mêmes chemins qu'il y a cinq ans. » Dressant un tableau sombre de la France, il accepterait de participer peut-être au débat. Un bon observateur interroge : et si son refus signait l'acte de décès de la maison LR ?

Mais la présidentielle est dans cinq ans ; Éric Ciotti, lui, veut croire que son Laurent veut se ménager, ne pas s'exposer pour attendre son heure. Ils ont noué ce pacte faustien : à toi l'Élysée, à moi le parti. Arrivé en tête du premier tour lors de la primaire pour la présidentielle, devant Pécresse, Bertrand et Barnier, Ciotti faisait figure de héros. Mais au second tour il obtenait 39 % des voix, une déception. Il veut sa revanche. Son discours ultra, anti-Macron, plaît aux militants. Il aurait voté Zemmour si celui-ci avait pu affronter le président. Il vient de réunir dans son fief plus de quatre mille personnes. Gros succès. Christian Jacob, président sortant, et François Baroin, le maire de Troyes, ses deux copains de chasse, le parrainent. Ciotti est un homme qui force la sympathie. « C'est très agréable de travailler avec lui car il sait dire suavement des choses très brutales », s'amuse un sénateur. Le 26 juillet, il a sauté le pas. Il est candidat et promet de construire « un parti de l'autorité ». Dès le lendemain, branle-bas de combat au Sénat où certains le surnomment « Benito ». Quarante sénateurs préviennent Gérard Larcher, le président du Sénat : « Si c'est Ciotti, on quittera le groupe LR. » Les alliés de l'Union centriste (cinquante-sept sénateurs), présidée par Hervé Marseille, s'interrogent aussi. La majorité sénatoriale peut exploser. Or les élections sénatoriales, c'est l'an prochain. Danger ! Mais le 30 août, Gérard Larcher a trouvé le sauveur. « Le président du groupe LR [cent quarante-quatre sénateurs] a toutes les qualités pour présider le parti. » Il ne voit aucune incompatibilité entre les deux présidences. Déjà désigné, Bruno Retailleau avait-il d'autres options que d'y aller ? Le 2 septembre, oui, il est candidat.

Il reçoit, sourire charmeur, dans son vaste bureau clair, sans dorures, d'où il peut admirer les arbres centenaires du petit palais du Luxembourg. Maintien et silhouette étroite de cavalier, pas la morphologie type du sénateur. Mais quelle énergie, quelle force intérieure ! Bruno Retailleau nous fait admirer, pas peu fier, deux tableaux (de taille modeste) accrochés au-dessus du canapé, dont l'un est signé René Laubiès, l'un des représentants du nuagisme : « Daniel Cordier, secrétaire de Jean Moulin, avait offert plusieurs de ses œuvres à Georges Pompidou », confie-t-il.

Il raconte : « Jusqu'en juillet, je croyais être parvenu à convaincre Wauquiez d'être le candidat. On s'est beaucoup engueulés au moment des européennes. J'aime sa puissance intellectuelle. On a une relation très fluide. Je lui disais : "Imagine, à ta place, Chirac et Sarkozy, ils auraient sauté sur l'occasion." » Ce refus l'inquiète : « Peut-être Laurent croit-il que les partis sont dépassés, que l'on peut arriver à l'Élysée en s'en passant… » Il y a désormais une jurisprudence en effet. Et de poursuivre : « Je suis parti le 6 août en vacances à l'île d'Yeu, espérant souffler. À peine arrivé, Gérard Larcher m'a appelé. "Il faut que tu y ailles." Chaque jour, des élus LR, députés, sénateurs, en rajoutaient une couche : "Si c'est Ciotti, la moitié de la fédé se barre." J'ai passé mon temps au téléphone. »

Bruno Retailleau, lui, croit à l'importance d'un parti : « Pécresse et Bertrand avaient fait le choix de le quitter. Ils ont eu tort puisqu'ils sont revenus pour la présidentielle. On a fait moins de 5 %. Les Français nous ont zappés parce qu'ils ne savent plus qui nous sommes. Je veux créer un nouveau parti, populaire et patriote, tout changer : le nom, le siège, reconstruire une droite qui occupe tout le champ de son territoire idéologique. » Ce travail de titan ne lui fait pas peur ? « Non, dit-il, c'est enthousiasmant. » Un pari jouable, selon le questeur Philippe Bas : « Il va mettre le parti en tension, sera très exigeant sur l'organisation. Il peut le faire en raison de ses qualités, de son management. Au sein du groupe LR au Sénat, il fait s'exprimer toutes les sensibilités, prend en compte tous les points de vue autres que les siens. Bien sûr, il a de l'influence, mais il ne force pas le passage. Ce n'est pas un autocrate ni un arrangeur qui n'a pas de position propre. Il cherche toujours la solution pour faire émerger le consensus. Il est très aimé du groupe. » Jacqueline Eustache-Brinio, sénatrice du Val-d'Oise, renchérit : « Je ne le connaissais pas il y a cinq ans. C'est un meneur de groupe exemplaire, très ouvert. Un esprit brillant. Nous l'admirons tous. » « Ça fait longtemps qu'on n'a pas eu un orateur comme lui, atteste le sénateur de Paris Pierre Charon. Lorsque Macron a réuni le Congrès à Versailles, Bruno a parlé devant neuf cents parlementaires, sans notes. Un raisonnement très construit. J'étais bluffé. » Bref, à la chambre haute, on ne recueille que des compliments ! Il est toujours reconduit à la tête du groupe par acclamation et n'y a aucun concurrent.

Lui-même explique : « Nous sommes le groupe majoritaire où la liberté de vote est le principe. Sur chaque texte, on discute lors de longues réunions pour dominer le projet. Il faut savoir entrer dans la technique, parce que le diable est toujours dans les détails. Il faut donner du sens et une portée aux amendements. Nous avons ainsi obligé le gouvernement à mettre en place la carte Vitale biométrique infalsifiable. » Le débat d'idées le stimule. En février dernier, Bruno Retailleau organisait un colloque au Sénat sur les obstacles que peuvent dresser contre le pouvoir des jurisprudences émanant de juridictions : la Cour européenne des droits de l'homme, le Conseil d'État, le Conseil constitutionnel. Tous motivés par une logique paroxystique des droits individuels qui aboutissent à ce que le président de groupe appelle l'« impossibilisme ». En 2019, il publiait un ouvrage au titre prémonitoire, *Aurons-nous encore de la lumière en hiver*[1] *?*, dans lequel il dénonçait les dérives de l'idéologie de l'écologie et s'insurgeait contre l'abandon du nucléaire.

Mais qui connaît Bruno Retailleau ? Pas grand monde. Élu de Vendée, il habite à Saint-Malô-du-Bois dans la ferme qu'avait achetée son grand-père. Il y vit avec sa femme, médecin généraliste devenue médecin scolaire. Ils ont trois enfants. Son père, négociant agricole et maire de la commune, a combattu en Algérie. Son grand-père paternel avait fait la guerre de 1914-1918. « Une balle lui a traversé la gorge et il a survécu. » Le grand-père maternel, celle de 1940. « Dans ma famille, on se demandait ce que l'on pouvait faire pour le pays. Moi, je voulais être préfet pour servir l'État. Je voulais faire l'ENA, mais Philippe de Villiers m'a dit : "Viens avec moi." À dix-sept ans, j'étais cavalier dans le spectacle du Puy-du-Fou. Je l'ai suivi pour faire de la mise en scène et aussi diriger la radio libre Alouette FM [que notre confrère Vincent Hervouët avait contribué à lancer en 1981 pendant six mois]. Nous avions quinze journalistes. Lorsque Villiers est devenu président du conseil général de Vendée, moi, j'ai été élu conseiller général. J'avais vingt-huit ans. Je me souviens de la campagne européenne avec

1. Éditions de l'Observatoire, 2019.

Charles Pasqua et Philippe Séguin. Quelle épopée et quels personnages ! » On sait que les deux hommes ne se parlent plus. Il n'en dira rien, juste ce constat amer : « On ne dénoue pas une relation affective de plusieurs décennies sans souffrances… C'est aussi une forme d'émancipation salutaire. » François Fillon, Premier ministre, voulait faire entrer son ami Bruno Retailleau au gouvernement. Philippe de Villiers a téléphoné à Nicolas Sarkozy pour lui signifier que, dans ce cas, c'en serait fini de leur amitié. Villiers n'a pas, il est vrai, la réputation d'être un bon camarade. « C'est un enfoiré, disent tous ceux qui l'ont fréquenté. Il ne respecte rien. »

Bruno Retailleau a la fierté de ses racines. « La Vendée m'a appris que les ressorts d'une réussite matérielle, ce sont les valeurs. Le département est celui qui compte le plus d'entreprises par habitant, où il y a le moins de chômeurs. Il y a chez nous le goût du travail, de l'effort, de la solidarité, le plus grand nombre de bénévoles, sans lesquels le Puy-du-Fou n'aurait pu exister. Le plus de dons de sang, aussi. On se parle beaucoup. Mes amis agriculteurs qui habitent autour de chez moi viennent me dire les choses : ce qui va, ce qui ne va pas, ce que l'on pourrait améliorer. » Tel est l'homme qui se porte candidat.

Le 13 septembre, Aurélien Pradier, secrétaire général de LR et député du Lot, est également entré en lice. Voilà des mois qu'il y réfléchit. À trente-six ans, il est le benjamin. Lui aussi veut tout changer, construire une droite populaire. Il croit que le parti a besoin d'énergie. Et lui aussi attend Wauquiez. Pour l'instant, il y a trois candidats, ce qui veut dire qu'il y aura un second tour.

Des tensions se manifestent déjà entre leurs partisans. Comme toujours, la méfiance règne. Bruno Retailleau a écrit à la présidente par intérim du parti, Annie Genevard, et à la haute autorité chargée de l'organisation de l'élection pour demander des garanties solides sur la loyauté du scrutin, craignant de fausses adhésions.

18 septembre 2022

Didier Lallement prend le large

Nommé secrétaire général de la Mer le 3 octobre, Didier Lallement s'est fabriqué une tête de marin. Il s'est laissé pousser une petite barbe blanche. Une fantaisie qu'il ne se serait pas autorisée lorsqu'il était aux commandes. On le rencontre au troisième étage d'un immeuble refait à neuf dans le quartier des ministères. Longs couloirs, tout y est blanc : la moquette, les murs vides. On a l'impression de venir inaugurer une clinique. Son bureau est monacal, pour l'instant juste une table et quelques chaises. L'ex-préfet de police de Paris, très puissant, de retour à la vie civile, porte un costume gris, une chemise blanche et une cravate sombre. Strict, donc. Mais son humeur est de beau temps. Il se dit « délivré d'un poids ». Il respire, cela se voit. Il émane de lui quelque chose de très doux que n'imaginerait pas la cohorte de ses détracteurs tant sa réputation de mauvais caractère, voire de « brute épaisse », est établie.

La Mer est pour lui un lot de consolation. Il rêvait de l'Autorité de régulation des transports (ART), le gouvernement était prêt à la lui accorder mais Gérard Larcher, président du Sénat, y a mis son veto. Une mesquinerie sur laquelle l'intéressé ne veut pas épiloguer.

C'est qu'il a bien d'autres choses en tête. Il publie un livre d'entretiens[1] avec Jean-Jérôme Bertolus. On y trouve les enseignements de ses multiples expériences. Il dit les choses comme il les sent, ses inquiétudes pour l'avenir, sur d'autres Gilets jaunes alors que le pouvoir semble avoir oublié cet épisode, le séparatisme islamique restant la menace principale. Il liste aussi les problèmes sans solutions comme la lutte contre le crack… Toujours la retenue du grand serviteur loyal dès qu'il s'agit du président de la République qui l'a nommé. Il a travaillé en bonne intelligence avec Gérald Darmanin dont il dit le plus grand bien. « Le président, le préfet, le ministre, c'est un peu un ménage à trois », écrit-il.

Le titre de son livre, *L'Ordre nécessaire*, est un extrait d'une citation de Trotski, le fondateur de la cruelle Armée rouge. « Les corbeaux auront beau croasser, nous créerons par nos efforts communs l'ordre nécessaire. Sachez seulement, souvenez-vous bien que, sans cela, la faillite et le naufrage sont inévitables. » En présentant ses vœux à la hiérarchie policière en 2021, il avait cité cette phrase. Une provocation ? Que nenni. « Je voulais signifier que l'ordre n'est pas l'émanation d'une classe dominante asservissant le reste de la société, comme le professent les agitateurs de salon, mais qu'il est, y compris chez les révolutionnaires, le fondement de l'organisation sociale. Bien sûr mon ordre n'est pas trotskiste, il est républicain. » Un message subliminal à l'adresse de Jean-Luc Mélenchon, une invite à relire

1. *L'Ordre nécessaire*, Robert Laffont, 2022.

son catéchisme. Le chef des Insoumis ne cesse de vilipender la police et de prôner le désordre et la violence dans le pays.

Didier Lallement n'a pas fait l'ENA mais un troisième cycle de droit et une école de commerce. « En réalité, j'ai toujours voulu servir l'État, dit-il. Tous mes ascendants ont fait la guerre, 1870, 1914 ; mon père s'est engagé en 1944 comme pilote. Enfant, je lisais avec volupté *L'Histoire de l'armée française*. » Il est originaire d'un village de la Marne où tout le monde s'appelle Lallement. Ses parents se sont installés à Épinay-sur-Seine. Une famille catholique. « J'avais un oncle prêtre et une tante mère supérieure en Bretagne. Une famille républicaine mais pas gaulliste, on était MRP. »

« À l'école, on m'appelait "le Boche", ça ne me gênait pas ; pour mon père et mon grand-père, c'était dur. » Jeune, Didier Lallement multiplie les passages dans les cabinets ministériels. Il est socialiste tendance Chevènement. Lequel, ministre de l'Intérieur, le nomme directeur général des collectivités locales. Avant de démissionner, il en fait un préfet de l'Aisne. Il y aura ensuite la Saône-et-Loire, la région Basse-Normandie. Et en dernier ressort, en novembre 2017, la région Nouvelle-Aquitaine. Entre-temps, il dirige l'administration pénitentiaire, ce qui allait forger sa réputation d'intraitable. Le chiraquien Dominique Perben, devenu garde des Sceaux, l'y maintiendra. Il ne tarit pas d'éloges. « Il a fait un travail remarquable, le système craquait, les mutineries éclataient. Il a sanctionné le personnel en grève, ce que la loi leur interdit, les a remis en uniforme, mais il a eu aussi un très bon dialogue avec les syndicats. » Didier Lallement note dans son livre : « Les pires détenus, les plus dangereux de tous étaient les mafieux ukrainiens. »

Il a aussi été directeur de l'Aviation civile, secrétaire général de l'Équipement et des Transports, secrétaire général du ministère de l'Intérieur du temps de Manuel Valls, avec lequel il ne s'est pas entendu. « Il m'a proposé la direction de la police mais Hollande n'a pas voulu, j'ai préféré partir. » On le retrouve à la Cour des comptes. Quel parcours ! « Il connaît toutes les embrouilles, on ne peut pas lui raconter de blagues », assure Dominique Perben.

Cinq mois après le début du mouvement des Gilets jaunes, le gouvernement est sous pression. Le samedi 16 mars, nouvelle flambée de violence, les Champs-Élysées sont saccagés. Les images de l'incendie du Fouquet's font le tour du monde. La droite dénonce le laxisme sécuritaire. Le préfet de police Delpuech est limogé.

« J'ai beaucoup plaidé auprès du président pour qu'il nomme Didier Lallement, raconte Dominique Perben. Je l'ai appelé à Bordeaux le dimanche soir, il était au théâtre, je l'ai fait sortir pour lui demander s'il était d'accord. Banco. » « Lundi, Édouard Philippe a annoncé mon arrivée publiquement. Tout Bordeaux, les journalistes me tombaient dessus. J'ai appelé l'Élysée, on m'a dit de venir. Alors j'ai fait ma petite valise et je suis parti au volant de ma voiture. Pas de pot d'adieu. » On raconte qu'à la préfecture certains ont sablé le champagne.

« Je ne suis pas le genre de beauté que l'on va chercher par temps calme. Pour faire appel à quelqu'un comme moi, c'est que ça va très mal, dit-il sans modestie. Songez que certains voulaient supprimer la préfecture de police. Je savais que le premier problème, c'est le commandement. » Le jour de son arrivée, il se rend en uniforme, « car on ne dirige pas en civil des gens en uniforme », au sous-sol de la préfecture dans la salle opérationnelle de l'ordre public. Là où toutes les images arrivent. Il y a plus de dix mille caméras dont trois mille cinq cents dans Paris *intra-muros*. « Je me suis installé au milieu d'eux et ai décidé d'y établir mon QG, ce qu'aucun de mes prédécesseurs n'avait fait. Je voulais leur montrer que j'étais dans le même bateau, mais que mon épaulette plus chargée que la leur voulait bien dire que la décision ultime relevait de ma responsabilité. » De sa réputation, Didier Lallement a fait un élément de stratégie. « Mon caractère, ça m'arrange beaucoup. Je suis un austère qui ne se marre pas. Le sentiment n'a rien à faire dans la mission qu'on a à accomplir. Ça me fait même plaisir qu'on me déteste. » Il exagère sans doute.

Didier Lallement est entré à la préfecture de police de Paris et de trois départements de la petite couronne comme on entre en religion. Pendant trois ans et demi, sept jours sur sept, il s'est levé à 4 heures du matin, avec un réveil toutes les deux heures pour vérifier ses mails. Il se passe tellement de choses la nuit. Plus une sortie en ville, pas un spectacle. Une vie qui serait sinistre dans cet appartement de mille mètres carrés dont il occupait trois pièces, tout en payant comme tous les préfets une taxe d'habitation, celle-là de cinq mille euros.

Avant mars 2019, qui connaissait Didier Lallement ? La première image ne fut pas des plus chatoyantes.

Une casquette trop large que des internautes se sont amusés à agrandir, posée sur son visage pâle et étroit, lui donnait des airs inquiétants d'un gradé du temps de l'URSS. Il a offert sa casquette au musée de la Police. De ce physique peu jovial, il s'est fait un atout car on le craint. Mais tous ceux qui ont travaillé auprès de lui disent que c'était un honneur, louant sa grande exigence professionnelle, sa grande écoute, se nourrissant de tous les avis techniques pour forger sa position. « Je n'ai jamais servi un préfet de cette qualité », dit l'un d'eux. Bien sûr les manifs ont laissé de mauvais souvenirs, il y a eu des blessés par des tirs de LBD. Mais il a changé la doctrine en engageant les effectifs au plus près des manifestants pour maîtriser la foule. Les violences policières ? Lui, il défend ses hommes. « Les gens ne se rendent pas compte de ce qu'est la vie des policiers. Le matin, ils ne savent pas ce qui va leur arriver. Ils sont sous pression. La violence est partout. Ils voient plus souvent des morts que les soldats : accidents, règlements de comptes, violences conjugales… On ne s'habitue jamais à la mort. » Il le déplore : « Les défaillances sont souvent le fait de fonctionnaires débutants. Il n'y a pas assez d'encadrement intermédiaire. »

En trois ans et demi, ce fut une succession de crises hors norme. Déjà la gestion des Gilets jaunes, mais, trois semaines après son arrivée à Paris, Notre-Dame brûlait. Un événement qui est devenu sur l'instant une déflagration mondiale. Pour lui un cauchemar. Il voyait les autorités, les journalistes s'approcher de l'incendie. Qu'allait-il se passer dans les heures qui suivaient ? Et si Notre-Dame s'écroulait ? Sa hantise. Un nuage de poussière pouvait atteindre le public, asphyxier les personnalités. Et lui serait condamné pour homicides par imprudence. Les murs ont bougé plusieurs fois mais heureusement ils ont tenu. Un miracle.

Six mois plus tard. L'inimaginable s'est produit. Une attaque au cœur de la préfecture de police : quatre fonctionnaires tués, poignardés par un homme de la maison né à Fort-de-France et qui s'était radicalisé. C'est un stagiaire de vingt-quatre ans qui l'a neutralisé. À l'étage, la scène est difficilement supportable. Les crimes au couteau sont horriblement sanglants. « Il ne faut pas craquer », dit-il. Le lendemain, il réunissait le personnel dans la cour. « Je me suis adressé à eux pour leur dire que le deuil était collectif. J'ai vraiment ressenti ce 4 octobre que j'étais un des leurs. » Il avoue avoir été une fois submergé par l'émotion. Une fonctionnaire avait été tuée à la prison de Moulins. « Je revois le visage de sa fille de cinq ans, elle se tenait près du cercueil de sa mère, une rose à la main, n'avait pas de père et elle me regardait. Elle avait le même âge que ma fille, j'ai eu du mal à finir le discours. »

Didier Lallement avait prévenu : « Je ne resterai pas en poste au-delà de soixante-six ans car on ne dirige pas des hommes et des femmes dont la moyenne d'âge est de vingt-cinq ans quand on est un grand-père. » Prophétie autoréalisatrice. Le 28 mai, au Stade de France, le match Liverpool-Real Madrid tourne au fiasco. Faute de pouvoir entrer, des milliers de supporters s'écrasent contre les grilles. À l'intérieur du stade, des policiers casqués gazent ceux qui les approchent, et des centaines de jeunes de cités agressent et dépouillent des supporters. Par chance, il n'y a eu ni mort ni blessé, mais beaucoup de peur. « C'était pour moi inacceptable, le drapeau français avait été sali. On était à deux semaines du premier tour des législatives. J'ai prévenu Gérald Darmanin : “Je veux partir.” » Le Sénat demande une commission d'enquête. Didier Lallement est convoqué. Il arrive en civil, entouré de quatre policiers en tenue. « J'assume en totalité la gestion policière du 28 mai. J'étais le seul comptable opérationnel. Je salue les policiers, sans eux un drame aurait pu se produire. Ma fierté est de les avoir eus sous mes ordres. » François-Noël Buffet, président de la commission des lois du Sénat qui dirigeait la séance : « Il était en mission sacrificielle. Mais on sentait qu'il appréciait d'être dans cette posture. On voyait aussi que, moralement et physiquement, il était à bout. » Didier Lallement n'imaginait pas partir dans ces conditions. Le 28 juillet, Laurent Nuñez le remplace. « Je n'ai pas voulu faire d'adieux. J'ai écrit une lettre aux quarante mille fonctionnaires de la PP. C'était dur de les quitter, d'abandonner tous ces gens au front. Je leur ai dit que j'avais atteint la limite de mes capacités physiques. Je n'ai pas voulu m'adresser à eux en direct, parce que je crois que j'aurais eu des sanglots dans la voix. Mais maintenant, je ne veux plus avoir de liens avec la PP. Je n'y reviendrai plus. » Le 27 août, Didier Lallement a fêté ses soixante-six ans. Le bruit et la fureur autour de lui s'estompent, on découvre un grand affectif.

16 octobre 2022

Vies et œuvres d'Alain Mérieux

En 1897, Marcel Mérieux, élève de Louis Pasteur, fonde à Lyon l'institut Mérieux, d'où sortira le premier vaccin antitétanique.

En 2022, Alexandre Mérieux, son arrière-petit-fils, quarante-huit ans, dirige le groupe.

Entre 1897 et 2022, cent vingt-cinq ans pendant lesquels quatre Mérieux, Marcel, Charles, Alain, Alexandre, auront mythifié leur patronyme légendaire et hissé leur lignée au rang de dynastie.

« Les Mérieux ont sauvé des millions de vies humaines dans le monde entier. Ils incarnent un capitalisme au service de la plus grande cause : la santé des peuples », admire Bernard Accoyer, ex-président LR de l'Assemblée nationale et grand ami d'Alain Mérieux, dont il vante « la générosité incomparable ».

Troisième de la lignée, Alain (fils de Charles et père d'Alexandre) est un homme rare. Quatre-vingt-quatre ans. Haut de taille. Il impressionne tant il se tient droit. On le sent sûr des valeurs qu'il porte. On perçoit surtout qu'il s'est forgé une carapace mentale et physique à toute épreuve. Pour tenir. Il émane de lui une humanité qui s'apparente à celle du croyant : « Le dimanche, je vais à la messe », glisse-t-il, ou encore : « J'ai rencontré des hommes d'Église fabuleux. » Il n'en dit pas plus.

Il reçoit dans son bureau parisien au dernier étage d'un immeuble sis non loin de l'Élysée. Murs blancs, grands volumes, impersonnel. Sur son bureau exempt de dossiers, son assistante, qui propose un café, a posé une assiette de mandarines et une coupelle de bonbons à la menthe, sans doute son péché mignon. La capitale, il ne fait qu'y passer. Son biotope est ailleurs, il est à Lyon.

Alain Mérieux, c'est un parcours hors norme ponctué de réussites extraordinaires et de drames personnels.

Et d'abord un caractère. Lorsqu'il prend les rênes de la maison en 1968, il a trente ans. Son père a cédé 51 % de l'institut Mérieux à Rhône-Poulenc, qui sera nationalisé en 1981. Il raconte : « J'ai dû me battre contre Giscard, qui voulait que je cède 59 % de Mérieux à Rhône-Poulenc. J'ai refusé. De quoi se mêlait-il donc ? » Mis à part ces désagréables pressions élyséennes, l'alliance fonctionne « jusqu'à la privatisation en 1993, précise-t-il, qui a sacré l'arrivée aux commandes des profits financiers ». Le nouveau patron Jean-René Fourtou l'insupporte. Leur différend est culturel. « J'ai refusé les stock-options à outrance. La financiarisation me révulsait. J'ai voté trois fois avec la CGT. C'était malsain. J'ai préféré tout abandonner, j'ai vendu. Ça a été très dur. » Mais pas de regrets. « Vous l'avez remarqué ? Rhône-Poulenc a disparu alors que c'était le premier groupe français… » glisse-t-il.

Alain Mérieux ne fabriquera plus de vaccin. Il repart de zéro en fondant BioMérieux. Cette fois en solo.

Son combat : la lutte contre les maladies infectieuses. Sa religion est faite, la famille doit rester majoritaire. « Celui qui n'a pas le contrôle du capital ne peut plus se battre. Si un dirigeant n'a pas la majorité, il est vite balayé. » Trente ans plus tard, BioMérieux, présent dans cent cinquante pays, est devenu le leader mondial du diagnostic *in vitro*. La famille est propriétaire des deux tiers des actions. Tout est en ordre.

C'est justement parce qu'il loue le capitalisme familial et voulait « faire entrer un peu de kérosène pour accompagner la croissance » qu'en juillet dernier son fils Alexandre a signé un accord avec Exor, le groupe de la famille Agnelli, dirigé par John Elkann. La holding investit huit cent trente-trois millions d'euros, soit une participation de 10 %.

Agnelli, Mérieux, deux familles d'industriels sur cinq générations. Cela crée un lien.

« J'adore l'Italie, dit Alain. Mon grand-père maternel était piémontais. J'ai chez moi une épée où il est gravé : "Vive le roi de Sardaigne." L'Italie est le seul pays où je pourrais vivre aussi heureux qu'en France. »

Alain Mérieux a épousé Chantal Berliet. Pas vraiment une mésalliance ! Son arrière-grand-père Marius, artisan de génie, avait construit sa première automobile en 1895 dans un appentis. Il est devenu un grand constructeur automobile et de véhicules industriels, ses fameux camions. Il a fait de Berliet une marque. Un patron réputé pour sa générosité sociale.

Le jeune couple a trois fils. Dans la capitale des Gaules, on salue l'alliance de deux dynasties industrielles lyonnaises, des deux plus gros contribuables de la ville. De quoi susciter les convoitises ?

Le 9 décembre 1975, Christophe, leur fils aîné, âgé de neuf ans, est enlevé sur le chemin de l'école. Quinze minutes plus tard, les ravisseurs joignent sa mère au téléphone. Ils réclament une rançon de dix millions de francs en billets (soit un million et demi d'euros), des francs, des francs suisses et des marks. « Le prix à payer si vous voulez revoir le gosse. » Alain Mérieux est à Paris. Il rentre sur-le-champ. Entre-temps, un deuxième coup de fil a été passé, la rançon a doublé. Ce sera vingt millions de francs avec cet ultimatum : « Vous avez vingt-quatre heures. » Pour réunir la somme, les deux grands-pères s'activent. Vingt millions de francs, cela représente quatre sacs de vingt kilos, une folie ! À Paris, Valéry Giscard d'Estaing et son ministre de l'Intérieur Michel Poniatowski, craignant une épidémie d'enlèvements à l'italienne, s'opposent au versement de la rançon. Mais Jacques Chirac, le Premier ministre, est d'avis contraire. Sauver l'enfant, il ne pense qu'à ça.

Le commissaire Pellegrini est envoyé en renfort à Lyon. Sur place, on lui fait passer les ordres : il doit empêcher la famille de céder aux ravisseurs. D'où ce dialogue : « Dans ce cas, patron, vous me l'écrivez.

— Vous savez bien, Pellegrini, qu'on n'écrit pas en PJ.

— Oui, mais ça, vous me l'écrivez. »

Rien ne sera écrit, bien sûr. Commence un calvaire pour les Mérieux. « Quand je suis sorti du garage, seul au volant avec quatre gros sacs dans le coffre, Pellegrini était là. Il m'a vu et laissé partir. Cela m'a encouragé », explique Alain Mérieux. Première tentative ratée, à la deuxième il a le contact avec les ravisseurs. La jonction est faite, on le menotte au volant. Dans leur fuite, les truands oublient un sac, soit un quart de la somme. Mais l'enfant n'est pas là. C'est seulement le lendemain, vers 20 h 30, qu'arrive un nouvel appel. Christophe a été abandonné dans une poubelle. L'enfant a réussi à s'en extraire, a hélé un poids lourd. Il demande au chauffeur de le ramener chez lui. Il sonne à la porte : « C'est moi. » L'enfant ne porte aucune trace de coup. Une fin heureuse. Encore aujourd'hui, Alain Mérieux dit sa gratitude envers le commissaire Pellegrini. Il évoque avec émotion le soutien sans faille et quotidien de Jacques Chirac pendant l'épreuve. « Cet homme, je l'ai aimé énormément. » Il a toujours sa photo sur son bureau, laquelle voisine avec celles de Pierre Messmer et de Philippe Séguin, ses amis de cœur en politique. Presque ses héros.

Cet enlèvement a tenu les Français en haleine durant quatre jours. Radios et télés, caméras et micros, on ne parlait plus que de ça. Faut-il y voir une coïncidence ? Sept semaines plus tard, le 30 janvier 1976, à Troyes, Patrick Henry kidnappait Philippe Bertrand, huit ans, à la sortie de l'école. Depuis une cabine téléphonique, il réclamait une rançon d'un million de francs. Après plusieurs jours, on découvrira l'impensable. Patrick Henry a tué l'enfant. L'horreur. « La France a peur », dit au 20 Heures Roger Gicquel. « Si j'étais juré, je me prononcerais pour la peine de mort », lance Michel Poniatowski. Robert Badinter fait du procès de Patrick Henry le procès de la peine de mort.

Et puis la vie a repris… L'entreprise prospérait. Alain Mérieux a été tenté par la politique. Il s'est porté candidat aux législatives de 1993 contre Michel Noir, qui avait quitté le parti gaulliste. C'est ce dernier qui serait élu. Mais avait-il vraiment envie d'être député ? Il aurait aimé porter une vision de sa France avec des entreprises qui marchent. Sa proximité avec Jacques Chirac était aussi une raison de cet engagement-là. Petite déception ? Même pas. Il y a souvent dans la vie d'un chef d'entreprise qui réussit la tentation de franchir le Rubicon de la politique. Il y a assez de cas pour établir une jurisprudence. Les déceptions se ramassent à la pelle et les regrets aussi. Et puis est arrivé le malheur.

Rodolphe, le cadet, vingt-six ans, décède dans un accident d'avion de la TWA au-dessus de New York. Dix ans plus tard, presque jour pour jour, Christophe, l'aîné, successeur désigné, est retrouvé mort dans la piscine familiale. Un accident cardiaque. Comment lui parler d'eux sans lui déchirer l'âme plus encore ? Il y vient de lui-même indirectement.

En 2017, Alain Mérieux a passé le flambeau à son fils Alexandre. Sa femme, Chantal, et lui ont décidé de consacrer tous leurs dividendes à sauver des vies dans les pays les plus menacés par les maladies infectieuses grâce à la fondation Christophe-et-Rodolphe-Mérieux. Tout est dit. Renforcer les capacités de recherche médicale, améliorer la qualité de vie et la santé des mères et des enfants, tel est leur projet. Alain Mérieux est souvent en voyage, ce qui nourrit sa connaissance du monde. L'Afrique, il la pratique depuis longtemps. En 2005, il a inauguré à Bamako le premier laboratoire Rodolphe-Mérieux de biologie clinique, il était alors accompagné de Pierre Messmer et de son fils Christophe. « Partout, dit-il, on confie ces laboratoires à des scientifiques locaux, des gens formidables. »

En novembre 2021, il est revenu au Mali pour inaugurer deux maternités. « La ministre de la Santé a fait un discours chaleureux, a évoqué l'amitié entre le Mali et ma famille, mais pas un mot sur la France. On est détestés en Afrique », déplore-t-il. Les Russes et les Turcs y font une propagande anti-France.

« En Irak, on a refait le laboratoire. Du temps de Saddam Hussein, il y avait un million trois cent mille chrétiens, maintenant il n'y en a plus. L'Irak a été détruit par les Américains. » Alain Mérieux énumère tous les pays où sa fondation est implantée, le Burkina Faso, le Sénégal, la Guinée, le Congo-Brazzaville, le Cameroun, mais aussi le Maroc, la Tunisie, le Liban. Madagascar : « Pierre Messmer m'avait dit : "Il faut y aller." Je lui ai demandé pourquoi. "Parce que c'est encore chrétien, c'est notre chance." Alors nous y sommes allés. » En avril de cette année, il a inauguré à Vohitsara le bâtiment de la faculté de langues. Elle portera le nom de la fondation Christophe-et-Rodolphe-Mérieux. Les jeunes de cette région déshéritée y poursuivront des études supérieures. Chaque année, depuis vingt ans, il se rend en Haïti. Rodolphe y a été coopérant. En Asie aussi, au Bangladesh, au Cambodge ; en Chine, où il y a un laboratoire Christophe-Mérieux. « Les officiels l'ont accepté », dit-il, reconnaissant.

En 2014, le président Xi Jinping, en voyage officiel à Paris, a choisi comme première étape une visite à Lyon. Façon de marquer l'importance du lien qui unit la famille Mérieux à l'empire du Milieu. Une rencontre familiale et amicale. C'est Alain Mérieux qui a ouvert la porte il y a trente-cinq ans. À une époque « où il y avait un seul vol pour Pékin par semaine ». Il a participé à l'installation du laboratoire P4, destiné à étudier les virus mortels, à Wuhan, une ville devenue hélas célèbre.

Pour la petite histoire, en 1965, Paul Berliet est allé lui aussi présenter ses camions en Chine.

Alain Mérieux revient sur le sentiment antifrançais. « L'arrogance française est une maladie chronique que l'on ne supporte plus. En Afrique, au Moyen-Orient, on me dit la même chose : "Vous nous faites sans arrêt la morale, mais vous traitez bien mal vos vieux dans les Ehpad. On n'a pas de leçons à recevoir." » Il note aussi : « Quand un président français vient en visite dans ces pays, il devrait rester trois ou quatre jours. Les visites éclair d'une journée, ça blesse. Il vaudrait mieux aussi des ambassadeurs qui aiment le pays où on les envoie, ce qui n'est pas toujours le cas. »

La fondation est également en Moldavie. Deux millions d'habitants, le roumain comme langue officielle. « Un pays admirable. Où les gens ont recueilli cent mille réfugiés ukrainiens. On ne les a pas mis dans un camp, dit-il. On prend beaucoup de leçons avec eux. *Via* ce pays, j'ai fait venir à Lyon une famille, la mère, la grand-mère et une petite fille de dix-sept mois. » En parlant d'elle, il s'attendrit : « Le père est resté à Odessa. Quelquefois, elles ne viennent pas dîner parce qu'elles sont trop bouleversées par les nouvelles de leur pays. »

« Vous savez, je reçois plus que je donne. C'est d'ailleurs ce qui nous a permis, à Chantal et à moi, de survivre et de vivre. Je crois que j'ai trouvé la paix. »

1er novembre 2022

Philippe de Gaulle, le der des ders

Que de sombres anniversaires pour un fils qui fêtera ses cent un ans à la fin de l'année. Le 8 novembre, celui du décès de sa mère Yvonne. En 1979. Le 9 novembre, celui de son père Charles. En 1970.

« Le mois de novembre est une grande faucheuse », déplorait ma grand-mère. Mais l'amiral Philippe de Gaulle ne s'abîme pas dans la nostalgie ni le regret mélancolique puisqu'il vit avec l'Histoire. Très tôt, presque au berceau, il a perçu que son père appartenait à une espèce à part. Sa taille exceptionnelle d'abord mais surtout sa personnalité tellement au-dessus du lot. Un prototype. Et voilà que l'histoire de sa famille dont il fut lui aussi acteur s'est conjuguée avec l'histoire de France. Un privilège unique. Un honneur. Une charge. Sa chance est de garder en mémoire, même s'il y a forcément des lacunes, assez de souvenirs pour partir en voyage. S'évader alors qu'il ne se déplace plus guère. Son Netflix, il l'a dans la tête. « Je regarde peu la télé. » On le croit lorsqu'il affirme : « Je ne m'ennuie jamais. » Il écrit aussi. « Je note mes réflexions pour mes petits-enfants. »

Il reçoit à l'hôtel des Invalides. Il y est pensionnaire depuis le mois de mars. « Je vous attendrai à l'entrée, et nous monterons dans ma chambre », m'a-t-il dit. On croise peu de monde dans les longs couloirs où flotte une odeur d'eau de Javel. L'amiral marche courbé en s'aidant d'un déambulateur. « Chaque jour pendant vingt minutes, mais pas plus », confie-t-il. Quand il se redresse, on note sa ressemblance avec son père. L'ambiance n'est pas folichonne. Ses fils, il en a quatre, viennent rarement le voir. « Mes belles-filles, elles, plus souvent. » Il s'en accommode. « Je suis grand-croix de la Légion d'honneur, mes obsèques se passeront à côté, à la cathédrale ; au moins, je suis sur place », lâche-t-il avec détachement et cette pointe d'humour qui font sa marque.

Avant, il était pensionnaire dans une maison de retraite chic pas loin du pont de Neuilly. « Il n'y avait que des femmes, on prenait le thé avec des petits Lu, on jouait au bridge. Mais vous savez, les femmes ne mangent que des yaourts et des compotes, les hommes préfèrent les plats où il y a des saucisses, et pour la cuisine, c'est mieux ici. » Comme son père, il apprécie les plats roboratifs.

Le dîner est servi à 18 heures dans une vaste salle à manger mal éclairée. Aux murs, quelques photos de paysages maritimes et un grand portrait en pied sinistre et cocasse d'un ancien gouverneur des Invalides. La conversation à table avec ses commensaux, toujours les mêmes et tous plutôt mal en point, n'est pas très stimulante. « Que voulez-vous, c'est un hôpital militaire ! »

Faites le test : Louis XIV, Napoléon, de Gaulle. Ces noms qui ont fait rayonner la France sont peut-être les seuls connus de tous les Français. C'est dire qu'il n'a pas été chose aisée tous les jours d'être le rejeton mâle d'un monstre sacré.

Ce que concède l'amiral. « Ça n'a pas été drôle d'être le fils du Général. Ni moi ni ma mère ne pouvions rien dire. Quand Vincent Auriol était à l'Élysée, son fils en était le secrétaire général, c'est lui qui faisait tout et cela n'étonnait ni ne choquait personne. » Être le fils du Général exige d'abord beaucoup de patience. Il faut répondre à toutes celles et à tous ceux qui vous interpellent : qu'aurait pensé votre père ? Qu'aurait-il dit ? Et puis il y a eu le temps des inaugurations dans l'Hexagone et ensuite le classement des archives. « Plus de cent dix-huit mille pièces ! J'ai tout fait moi-même. Je les ai déposées aux Archives nationales, *idem* à la Bibliothèque nationale. » Entre 1980 et 1997, il a publié treize tomes de lettres, notes et carnets de son père. Il était, juge-t-il, « le seul à pouvoir le faire ».

Lorsque la famille de Gaulle a ouvert La Boisserie au public, au début des années 1980, l'amiral a accueilli la presse, parmi elle Jean Mauriac, journaliste à l'AFP, fils de l'écrivain François Mauriac. Il m'a raconté lui avoir lancé : « Ah, j'aurais tellement aimé être le fils du Général. » Ce qui lui avait valu cette réplique cinglante : « Ah ! J'aurais voulu vous y voir, vous. Moi, j'ai fait la guerre. Et ce n'est pas pour me vanter, mais j'aurais pu disparaître plusieurs fois. Je suis même encore étonné d'être vivant aujourd'hui. J'ai été courageux. Qui l'a dit ? Personne. Et en prime, on m'a toujours pris pour un con. » « C'était un cri du cœur », m'a dit mon confrère. *Le Canard enchaîné* le surnommait Sosthène. On comprenait que c'était désobligeant sans savoir à qui l'hebdomadaire faisait référence. Était-ce Sosthène de La Rochefoucauld, fervent soutien de Louis XVI, un duc benêt, ou un personnage issu d'une nouvelle de Maupassant, *Mon oncle Sosthène*, que l'auteur qualifiait de « libre-penseur par bêtise » ? Pas très gratifiant en effet. Sans importance ? Voire. « Je sais tout, vieux garçon, ta position n'a pas été facile », lui glissait parfois son père pour le réconforter. Philippe de Gaulle aurait apprécié d'être nommé par lui compagnon de la Libération. Il le méritait. « Il a été le premier compagnon de son père : il s'est engagé dès le 20 juin 1940, il avait dix-huit ans », attestait Geoffroy de Courcel, lui-même premier Français à partir pour Londres avec le général de Gaulle dans l'avion mis à sa disposition par Churchill.

Pour ne pas prêter le flanc à des accusations de népotisme, le père s'y est refusé.

En avril 1945, Philippe de Gaulle a reçu la croix de guerre des mains du général Leclerc, preuve que sa bravoure était reconnue. Il avait vingt-quatre ans. Si la volonté paternelle eût été autre, il serait aujourd'hui le dernier survivant des compagnons, ce qui lui vaudrait d'être inhumé dans la crypte du Mont-Valérien. Une façon de revisiter l'Évangile : les premiers seront les derniers. Le 11 novembre 2021, cet insigne honneur échut à Hubert Germain. Mais Philippe de Gaulle a choisi depuis longtemps sa sépulture. Ce sera à Colombey, au côté de sa femme Henriette de Montalembert, décédée en 2014, dans un caveau près de celui de ses parents. Le Général avait une grande confiance en son fils. En 1964, président de la République, il doit subir une opération de la prostate. Il lui envoie une lettre accompagnée d'une enveloppe cachetée. « À publier en cas de décès », « dans le cas où le peuple français devrait élire son successeur immédiat ». Il ajoutait en post-scriptum : « Je dis "mon successeur immédiat" parce que j'espère qu'ensuite c'est toi-même Philippe qui voudras et pourras assumer à ton tour la charge de conduire la France. » Signé : « Ton père très affectionné. » Le Général voyait-il en lui un dauphin ? « Il ne m'en a plus jamais reparlé et moi non plus. Je l'ai pris pour une bonne parole. »

Autre petite blessure perceptible, la froideur de sa mère. Philippe de Gaulle ne fut pas un bébé dorloté. « Dans les familles de la haute bourgeoisie, on ne chouchoutait pas les garçons. Ma mère avait été élevée par une gouvernante qui la menait à la baguette. À l'époque où je suis né, si c'était une fille qui arrivait dans un foyer, il fallait la conduire à l'état civil où un fonctionnaire le vérifiait. Si c'était un garçon, pas besoin, on tamponnait sur sa fiche "service militaire", sous-entendu "bon pour faire la guerre". Ma mère n'embrassait ses enfants qu'une fois par an pour la bonne année. » Ses réservoirs de tendresse, Yvonne les destinait à un seul, son mari. La personne qu'elle aimait le plus au monde.

Quelques jours après sa mort, elle a tout brûlé, ses vêtements, le lit où il dormait, le matelas, et même cassé la vaisselle de son petit-déjeuner qu'elle lui montait tous les matins. « Pas de reliques », disait-elle. Cette intimité ne pouvait appartenir qu'à eux deux. Les voisins ont cru qu'il y avait un incendie à La Boisserie. Mais non. C'était juste un autodafé shakespearien.

Sans doute le handicap de leur dernière fille, Anne, fut un frein à ses élans. « Anne ne pouvait rien faire. Ma mère était accaparée par elle jusqu'à saturation. » De cette petite sœur qu'il cajolait, il dit : « Je suis sûr qu'elle se rendait compte qu'elle n'était pas normale. »

Lorsque Philippe de Gaulle est parti à la guerre, sa mère lui a donné une vieille montre, avec ce commentaire : « J'espère que tu dureras plus longtemps qu'elle. » À la fin de la guerre, lorsqu'il est rentré chez ses parents, aucun des deux ne lui a posé de questions. Ils considéraient qu'il avait juste fait son devoir. Son père ne racontait rien. Une attitude qu'il a jugée un peu raide et frustrante. D'où une petite rébellion. Il venait d'obtenir une permission de trois mois, la première depuis cinq ans. Avant de s'envoler pour les États-Unis faire un stage aéronautique. Ses camarades de Stanislas l'avaient invité à sortir avec des jeunes filles. « Je suis rentré à 1 heure du matin, mon père s'est mis en colère. "Tu n'as rien d'autre à faire que sortir en ville pour faire la bamboche ?" » Le lendemain, il s'est rendu au ministère de la Marine pour demander à aller encadrer les nouvelles recrues à Bordeaux. Fin de la permission, ce qui a chagriné son père. « Tu ne pourrais pas changer ça ? » Et le fils a répondu : « Non, trop tard. » Un caractère, donc. Mais quand il se compare, il se console. Ainsi Randolph Churchill, que son père le grand Winston prenait pour un attardé et méprisait. Sa mère disait ne l'avoir jamais aimé. « À l'ombre d'un grand chêne, les jeunes plants ne reçoivent pas assez de soleil », a-t-il écrit. Une triste existence qui le fit sombrer dans l'alcool. Tenant moins bien le whisky que son père, il est mort à l'âge de cinquante-sept ans.

« Moi, je ne me suis pas suicidé », dit l'amiral. En réalité, le Général était très affectueux avec lui. « Mon cher enfant que j'aime de tout mon cœur », lui écrivait-il.

L'amiral de Gaulle est en paix. On le sent satisfait de sa carrière militaire, qu'il a choisie contre l'avis de son père, qui l'aurait bien vu diplomate. Navale, dans l'armée, c'est le dessus du panier, des dominateurs sûrs d'eux, dit-on. Et ce n'est pas rien de commander l'escadre de l'Atlantique. La moitié de notre marine de surface. « J'ai été reçu à ce titre chez les Soviets, du temps de Brejnev avec Kossyguine et Podgorny. Ils étaient très aimables… » Ça n'est pas rien de finir inspecteur général de la marine avec rang d'amiral cinq étoiles. L'équivalent de chef d'état-major. On lui demande ce qu'il pense du conflit russo-ukrainien ; il répond, laconique : « Il ne faut pas se séparer des Russes, ce sont des Européens. »

Lorsque la reine Elizabeth II est morte, il a envoyé une lettre de condoléances au roi Charles III. Demandant « à Sa Majesté de vouloir accepter ses vœux pour le royaume et l'Irlande du Nord alliés de la France libre et pour leur nouveau souverain qui tiendra une place capitale dans l'Europe ». « J'ai essayé dans ce message de faire ressortir la place que la Grande-Bretagne doit tenir en Europe. Sa séparation est néfaste pour tous. » Que pense-t-il du président Macron ? Il l'a rencontré une fois chez l'un de ses fils. « C'est un homme éloquent… trop ! Il est jeune. Il fait de l'expérience politique. Pour l'instant, personne ne peut le remplacer. Alors on en est là. » Il n'en dira pas plus.

15 novembre 2022

Bernard Rougier, lanceur d'alerte

Dans toute vie, il existe un moment où une porte s'entrouvre pour laisser entrer l'avenir. Encore faut-il le saisir… Pour Bernard Rougier, ce sera un voyage de deux semaines à Beyrouth, pendant les fêtes de Noël de l'an 1989. Il a vingt-trois ans. Il doit écrire un mémoire pour valider sa scolarité à Sciences Po. Invité par des amis libanais, il a choisi son sujet : les rapports politiques et religieux au Moyen-Orient. Trois mois plus tôt, l'accord de Taëf censé sortir le pays de la guerre civile, qui a cours depuis 1975, déclenche la lutte fratricide entre chrétiens. Une aubaine pour la Syrie d'Assad.

En dépit de cette violence, il l'avoue : « J'étais fasciné par la vitalité des gens. Par une société vivante, exaltée, passionnante parce que passionnée. L'histoire était en train de se faire. Pour comprendre ce Moyen-Orient compliqué, ses grandes fractures géopolitiques, deviner son avenir, j'ai compris qu'il fallait parler l'arabe classique et l'arabe parlé syro-palestinien. Mon choix était fait. »

À vingt-trois ans, Bernard Rougier respire un parfum de destin. Trente ans plus tard, il est devenu l'un des plus grands spécialistes de l'islamisme en France.

On rencontre ce Béarnais souriant dans un café. Une allure de rugbyman, look d'éternel étudiant qui ne la ramène pas. Issu d'une famille bourgeoise nombreuse. Il a des oncles polytechnicien, banquier, curé, médecin, un grand-père général. Sa curiosité pour le monde arabe, il ne l'a pas reçue en héritage.

« Après Sciences Po et une maîtrise de droit, j'étais programmé pour passer les grands concours administratifs. Mitterrand était réélu, je m'ennuyais, je ne voulais pas servir cette France-là. J'ai bifurqué vers des études d'arabe à la Sorbonne Paris-IV. Ma vie, je la projetais dans des séjours longs au Moyen-Orient. » Et il va tenir parole.

Dans les années 1990, les jeunes gens doivent encore faire leur service militaire (supprimé en 1997 par Jacques Chirac). La chance lui sourit : on lui propose de faire sa coopération en Jordanie pendant deux ans.

« Je donnais des cours de français à des étudiants. En majorité des Palestiniens, enfants de réfugiés de la guerre des Six Jours. Avec eux, j'étais plongé dans les affres de la question israélo-palestinienne. Je continuais à suivre les cours d'arabe de la Sorbonne par correspondance. »

À son retour, il fait un DEA à Sciences Po : un mémoire sur le Yémen.

« J'y suis allé en 1994, le nord et le sud du pays étaient en guerre, je me suis retrouvé coincé à Sanaa. J'ai été évacué par les Nations unies. »

Quelle aventure !

Son mentor est Gilles Kepel (grand spécialiste du monde arabe contemporain), son directeur de thèse, Ghassan Salamé (père de Léa). Ces études ont été supprimées dans les années 1990 par Richard Descoings, le patron de Sciences Po. Il privilégiait les études sur les questions transversales comme l'écologie et le genre. L'analyse approfondie des aires régionales ne l'intéressait pas. « Pour la compréhension des mondes, on y a beaucoup perdu », regrette Bernard Rougier.

Insatiable, il veut en savoir toujours plus. Il entreprend une année doctorale, pour pouvoir s'inscrire en thèse, une licence d'arabe aussi. Et parce qu'il faut bien vivre, il enseigne l'histoire et la géographie.

Jugeant la vie quotidienne trop morose à Paris, il retourne au Liban. « J'étais sans argent ni Sécu, sans affectation ni même sujet de thèse. Mais j'étais sûr d'en trouver un », dit-il.

Et de fait, pendant quatre ans, il va donner des cours de français dans le camp de réfugiés palestiniens de Saïda, dans le sud du Liban, à raison de trois jours par semaine. Il arrive le matin et rentre le soir à Beyrouth : deux fois une heure et demie de car. Ils sont plus de trente mille exclus du marché du travail libanais.

Parmi eux des militants d'Al-Qaida, futurs dirigeants du groupe État islamique, des membres du GIA algérien.

Il raconte : « Ils écoutaient des cassettes de Ben Laden toute la journée. Leur ennemi, c'était Arafat. Ils déchiraient son portrait avec rage. Avoir voulu faire la paix avec Israël, sous l'égide des Américains, était pour eux le crime impardonnable ! Le Hezbollah iranien qui occupait le Sud-Liban les tolérait parce qu'ils combattaient Arafat. »

Pendant ces quatre années, il se familiarise avec leur vision du monde, leur univers du sens. Comme ils sont branchés en permanence sur la chaîne Al Jazeera, il constate : « Lorsqu'une femme parlait, ils effaçaient son visage. Leurs femmes étaient invisibles. C'étaient souvent les plus jeunes qui se montraient le plus hostiles au travail des femmes. Ces jihadistes étaient minoritaires dans le camp, mais ils dominaient parce qu'ils faisaient peur. Certains voulaient instaurer un régime taliban. Il y avait aussi des communistes palestiniens, ceux-là beaucoup moins religieux. Ils fumaient pendant le ramadan. "Si les autres s'en aperçoivent, ils nous tueront", me disaient-ils.

— Avez-vous créé des liens avec eux ?

— Il y avait une curiosité réciproque, mais on ne pouvait pas être amis. J'étais un mécréant. Ils voulaient me convertir. J'écoutais des cassettes pour m'imprégner de leur rhétorique. Ils avaient délégué un des leurs pour s'occuper de moi. Tous savaient que je faisais une thèse sur eux. Je suis rentré à Paris pour l'écrire. »

Une thèse publiée deux ans plus tard aux Presses universitaires de France sous le titre *Le Jihad au quotidien*[1].

« Le 8 septembre 2001, mon père est mort. Le 11 septembre, il y a eu les attentats de New York. J'étais en pleine rédaction de ma thèse. Mon deuil personnel se conjuguait avec cette immense tragédie organisée par des militants de la mouvance Ben Laden, les mêmes que je venais de quitter. »

Bernard Rougier a soutenu sa thèse en septembre 2002. Il a reçu les félicitations du jury. Elle a été traduite à Harvard et a connu le succès.

« J'ai fait une tournée américaine », glisse-t-il dans la conversation. Il n'est pas homme à se vanter.

1. PUF, 2004.

Et encore moins à poser ses valises.

Il est en Jordanie au moment de la guerre en Irak, entre 2003 et 2005, des anciens du régime de Saddam Hussein lui racontent les ravages de l'embargo. Le régime, jusque-là laïque, a mis Dieu sur les drapeaux. Saddam Hussein a réécrit l'Histoire, construit des mosquées (financées par l'Arabie saoudite), forcé des militaires à apprendre des passages du Coran, seul moyen pour lui de contrôler la société, de lutter contre les chiites. Après leur révolte dans le sud de l'Irak et la répression sanglante, le pays a régressé. Saddam a donné le pouvoir aux tribus, la justice d'État a disparu.

Encore un retour au Liban. À Tripoli, entre 2006 et 2010, il ne peut que constater les dégâts. Le régime syrien a tué la société civile libanaise, domestiqué les partis, favorisé la montée des radicaux, inoculé le jihadisme dans les milieux populaires sunnites.

Entre 2011 et 2015, il est en Égypte. Il dirige au Caire le Centre d'études et de documentation économiques, juridiques et sociales (Cedej), financé par les Affaires étrangères et le CNRS. C'est le temps des printemps arabes. Le désir de liberté sera vite éteint. Les Frères musulmans, partout, ont raté leur agenda démocratique.

En Tunisie, c'est le retour de l'ère autoritaire. En Libye, c'est le chaos.

« Au Caire, l'ordre règne. J'ai vu la fin de la révolte, l'échec des Frères musulmans et le retour du maréchal Al-Sissi. Aujourd'hui, l'armée arrête tous les opposants, contrôle tout. Je ne sais pas ce que deviendra ce pays dans dix ans. »

En moins de vingt ans, Bernard Rougier a vu tout ce monde qui le fascinait tant basculer dans la violence religieuse et militaire.

En France en 2015. Il est professeur de sociologie politique du monde arabe à la Sorbonne Paris-III. Stupeur, il constate que l'Orient, y compris les terres lointaines d'Afghanistan, a déjà travaillé en profondeur certaines banlieues.

En 2020, il publie *Les Territoires conquis de l'islamisme*[1]. Une enquête réalisée sous sa direction par des étudiants en immersion, eux-mêmes issus de ces quartiers et qui parlent arabe. L'enquête révèle l'emprise des réseaux islamistes. Ce qui lui vaudra l'excommunication des milieux universitaires d'extrême gauche. On fournit aux gens les armes idéologiques pour passer à l'action armée. Pour homogénéiser les comportements, les prédicateurs fournissent un codage manichéen : le juste et l'injuste, l'autorisé et l'interdit, le pur et l'impur, pour créer une sécession sociale avec les mécréants. Ils investissent tous les lieux de sociabilité : mosquées, restaurants, salles de sport, librairies… L'enquête fait grand bruit. Bernard Rougier est un lanceur d'alerte. Il dérange, forcément. Les islamistes qu'il a débusqués et les pouvoirs publics aussi : n'exagère-t-il pas ? Celui qui dit la vérité…

« J'ai cinq plaintes contre moi, déplore-t-il. Il s'agit d'intimider la recherche. » Il ajoute, moqueur : « Si on veut faire carrière dans l'université, il ne faut pas enquêter sur ces sujets. »

Je l'interroge. Est-il libre d'enseigner comme il veut ?

1. PUF, 2020.

Certains collègues lui racontent la difficulté d'enseigner la poésie arabe, qui est très érotique, détaillée, descriptive, et qui fait l'éloge de l'amour physique, y compris des relations homosexuelles. D'où, chez eux, une forme d'autocensure.

Le 16 octobre 2020, Samuel Paty, professeur d'histoire et de géographie, victime de la vindicte islamiste, était décapité par un jihadiste tchétchène âgé de dix-neuf ans.

Octobre 2022, on dénombre à l'école sept cent vingt atteintes au principe de la laïcité contre trois cent trois en septembre de la même année. Une augmentation qui inquiète. Y a-t-il un lien entre ces deux dates anniversaires ?

Sa réponse : « Les mensonges de la jeune fille qui a mis en cause son professeur Samuel Paty s'inscrivent dans un récit de persécution, de défiance envers une école laïque qui serait hostile à l'islam, complaisamment diffusé par les islamistes. C'est ce qu'ils appellent l'"islamophobie". »

On voit des jeunes filles espiègles se vanter sur TikTok de bafouer l'école avec leur voile. Qu'en pense-t-il ? « Elles ont pour mission de diffuser sur les réseaux sociaux les mots d'ordre des prédicateurs islamiques. Ils ont entre quarante et cinquante ans, les plus connus sont une dizaine. Ces imams mettent en ligne leur enseignement, certains le font payer jusqu'à trois cents euros. Que disent-ils aux jeunes filles ? Que si elles ne portent pas le voile, elles perdront leur qualité de musulmane et sont promises à la damnation. Tuer un homme est qualifié par eux de "petite mécréance", mais fréquenter des juifs ou des chrétiens, là réside pour eux la "grande mécréance". »

On est édifié. Que conclure ?

Que, d'abord exotique et presque marginal, l'objet des recherches de Bernard Rougier frappe aujourd'hui nos sociétés, menace nos libertés. Face à la cécité d'une partie de nos élites, trop lâches ou complaisantes, il faut le remercier de rester vigilant.

29 novembre 2022

Général Georgelin,
(re)bâtisseur de cathédrale

Lorsque survient l'une de ces grandes catastrophes qui meurtrissent les cœurs et les âmes, nous gardons à jamais gravé le souvenir de l'endroit où nous étions au moment où la maudite nouvelle nous est parvenue.

Notre-Dame, dévorée par de gigantesques flammes comme surgies de l'enfer, menacée de s'effondrer, fait partie de celles-là. Les images ont sidéré le monde entier. Grande était notre angoisse. Et si elle était réduite demain à un tas de pierres froides, comment ne pas y voir une malédiction ? Un mauvais présage ? C'est la France tout entière qui aurait été amputée d'une lumière, d'une espérance.

« Où étiez-vous, général, le 15 avril 2019 lorsque l'incendie s'est déclaré ?

— J'étais à Saint-Germain-en-Laye, à la maison d'éducation de la Légion d'honneur. L'intendante que j'avais nommée lorsque j'étais grand chancelier m'avait invité à son pot de départ. Je m'y étais rendu par le RER avec mon passe Navigo. Après avoir salué ses collaborateurs, elle m'a remercié de lui avoir transmis ma passion pour les monuments historiques disparus. Je lui avais souvent parlé de mon livre de chevet, *Histoire du vandalisme*[1], de Louis Réau, qui recense tous les chefs-d'œuvre patrimoniaux saccagés et disparus. Je lui disais souvent que je ne passe jamais près des Tuileries sans un pincement désagréable en pensant à ce grand palais détruit par le feu en mai 1871. Des communards qui voulaient faire disparaître le symbole d'un pouvoir monarchique vieux de trois siècles avaient allumé l'incendie. »

Anecdote signifiante ? Peut-on y déceler le premier signe pour la suite de l'histoire ?

Il poursuit : « Je sortais de la réunion lorsque j'ai reçu un appel de mon ancien aide de camp. "Mon général, Notre-Dame brûle." Trois minutes plus tard, il m'envoyait la vidéo de l'effondrement de la flèche. J'étais bouleversé. À 20 h 04, j'ai appelé le général Gallet, commandant de la brigade des sapeurs-pompiers de Paris, il était mon élève à Saint-Cyr. Je lui ai dit : "Mon général, sauvez Notre-Dame !" J'ai toujours eu un lien particulier avec elle. Quand j'étais grand chancelier, j'allais tous les samedis à 18 h 30 à la messe de Mgr Lustiger et tous les dimanches à 17 heures au concert d'orgue. Et j'ai toujours été fasciné par les cathédrales françaises : toute notre histoire s'y déroule, notre passé. »

Voudrait-il insinuer là que le terrain était préparé pour sa nomination qui n'allait pas de soi ? Un général promu chef de chantier de la restauration d'une cathédrale, il n'y a pas de jurisprudence.

---

1. Robert Laffont, collection « Bouquins », 1994.

« Quand j'ai pris ma retraite, une de mes amies m'a dit : "Dans la vie, entre les ennuis et l'ennui, il faut toujours choisir le pluriel." Alors, lorsque le président de la République est venu me chercher, je n'ai pas réfléchi une seconde. J'ai dit oui. J'étais flatté, honoré. Parce que c'était le président de la République ! Je voyais bien que j'engageais malgré tout la réputation de l'armée. Je suis aussi de ceux qui pensent qu'on avance dans la vie en s'exposant, en prenant des risques. J'ai été servi au-delà de ce que j'escomptais. Ma mission : rendre la cathédrale au public, croyants et non-croyants, en moins de cinq ans. C'était un vrai défi et un emploi à plein temps !

— Pourquoi vous a-t-il choisi, vous ?

— Quand le président m'a fait venir le 16 avril à 18 heures, il m'a révélé s'être fixé trois critères. Une personnalité indépendante de la culture, catholique et dotée d'autorité. "Votre nom est venu, m'a-t-il dit, j'ai décidé de vous nommer." »

Je l'interroge :

« On dit que l'académicien François Sureau y serait pour quelque chose. Dans une chronique publiée dans *La Croix* le 16 avril 2019 [le jour même où le président recevait le général], intitulée "Nous étions tous venus au chevet de Notre-Dame", il évoque "ce général d'armée avec qui [il] allai[t] de Paris à Chartres sans jamais parler de ce qui [les] jetait sur la route". »

Réponse du général :

« Vous me parlez d'épisodes de ma vie très personnels. Mais il est vrai qu'un jour, incidemment, j'avais fait allusion à mes pèlerinages à Chartres devant Sureau qui m'avait lancé : "La prochaine fois, promettez-moi de m'emmener." Banco. Paris-Chartres [quatre-vingt-douze kilomètres], ce sont quatorze heures de marche non-stop sans dormir. »

De leur duo nocturne, le général retient ce souvenir cocasse : « Vers 1 heure du matin, du côté de Saint-Rémy-lès-Chevreuse, nous étions sur la route. Les gendarmes qui passaient là nous ont interpellés : "Que faites-vous sur cette route ?

— Nous marchons.

— Mais où allez-vous ?

— À Chartres.

— Messieurs, vos papiers, s'il vous plaît."

« Sureau montre les siens en prévenant les gendarmes en riant : "Vous savez que vous êtes en train de contrôler l'ancien chef des armées ?" Stupeur des gendarmes, excuses, salutations. "Il vous faut du courage, messieurs, pour faire cela." Je leur ai rétorqué : "Non, messieurs, il faut avoir la foi." »

Une question terre à terre : quatre-vingt-douze kilomètres non-stop, on doit avoir mal aux pieds ?

« Il faut se munir d'eau, de biscuits, de pansements, de Mercurochrome parce que, forcément, les pieds s'échauffent… Mais quand on arrive au but, il y a cette joie de s'être imposé une épreuve. On ressent une grande paix intérieure.

— Combien de fois avez-vous fait ce pèlerinage en solitaire ?

— Plusieurs fois. La première, j'étais capitaine, c'était un vœu. La magie du parcours, c'est lorsqu'à dix kilomètres de Chartres, alors que le jour pointe, on aperçoit la splendeur des flèches de la cathédrale… Un moment où je me récite à haute voix ce qu'en disait Charles Péguy dans son poème *Présentations de la Beauce à Notre-Dame de Chartres*. "Un homme de chez nous a fait ici jaillir, Depuis le ras du sol jusqu'au pied de la croix, Plus haut que tous les saints, plus haut que tous les rois, La flèche irréprochable et qui ne peut faillir." Et encore cet autre extrait : "Deux mille ans de labeur ont fait de cette terre Un réservoir sans fin pour les âges nouveaux. Mille ans de votre grâce ont fait de ces travaux Un reposoir sans fin pour l'âme solitaire." »

On l'imagine, déclamant sur la route dans le silence de l'aube. Presque une scène de film. Mais le général de conclure : « De grâce, ne faites pas de moi un héros pour une marche qui devrait être naturelle pour tout officier d'infanterie. J'ai toujours marché. Au début, dans la carrière, on était parachuté, largué et condamné à marcher toute la nuit. J'ai commandé six sections d'infanterie. La base de l'entraînement physique, c'est la marche. En 1993, j'ai ramené mon régiment de Bitche à Mutzig, en Alsace, à vingt kilomètres de Strasbourg ; nous avons marché pendant trois jours. »

Et encore aujourd'hui, il avoue faire chaque jour en moyenne treize mille pas. Vous l'avez compris, c'est une sacrée nature. Grand de taille, silhouette compacte, tête ronde, le regard est à la fois bienveillant et scrutateur. Il observe tout, on sent qu'il jauge et juge sans rien en dire jamais. Il émane de lui une énergie, une solidité. À l'évidence, il est fait pour commander car doté de ce fluide de l'autorité dont parlait le général de Gaulle. Sa principale singularité provient de sa voix, forte, timbrée. Une voix de poitrine, comme on dit pour les ténors de grand opéra.

Il l'avoue : « Je dois à ma voix d'avoir fait cette carrière. Je le disais à mes troupes : commander, c'est savoir haranguer. Être brutal dans son phrasé. » Il y excelle en effet. Aux dîners du Siècle, où se regroupent les dirigeants politiques, économiques, culturels, médiatiques – l'élite, en somme. Ses commensaux savaient toujours où se trouvait sa table grâce à ses éclats de rire sonores qui s'échappaient comme des fusées de ce concert feutré.

« Vous auriez pu être un grand chanteur.

— J'aurais beaucoup aimé. Par exemple chanter *Le Messie* de Haendel. Je me contente du dimanche à la messe, où l'on m'entend, c'est sûr. On me reconnaît toujours au téléphone avant même que je me présente. »

Mgr Patrick Chauvet, recteur de Notre-Dame au moment de son arrivée, confesse son étonnement : « On attendait quelqu'un de la culture. Il est venu se présenter. Le lendemain, mon téléphone a sonné vers 6 heures du matin. Au bout du fil, une voix tonitruante : “Allô monseigneur, avez-vous déjà célébré vos mâtines ?” Comme s'il me donnait des ordres. Il a fallu s'adopter mutuellement. Sous cette autorité indéniable et salutaire, car la restauration est un vrai champ de bataille, j'ai découvert un homme qui avait du cœur et qui cachait parfois un fond de timidité sous ses vociférations. Entre nous est née une amitié réciproque. Il réussit sur le chantier parce qu'il manifeste beaucoup de respect à ses équipes. »

De son côté, le général confie : « Mon souci était de faire comprendre tout de suite à tout le monde que la cathédrale, c'était moi, mais que je ne roulais pas pour moi. Je devais les mettre au travail, coordonner l'action.

Si on avait appelé quelqu'un de la culture, on en avait pour quinze ans. Pour mener un chantier pareil, il faut avoir travaillé au sommet de l'État, sinon on risque d'être noyé par le système. » Un Cema – il a été chef d'état-major particulier de Jacques Chirac et chef d'état-major des armées sous Nicolas Sarkozy – ne se laisse pas intimider. Par personne. « Qu'il ferme sa gueule », avait tonné le général en commission des affaires culturelles, à des députés qui l'interrogeaient sur la reconstruction à l'identique ou non de la flèche, alors que le matin même l'architecte Philippe Villeneuve s'était prononcé dans *Le Figaro* pour la refaire à l'identique. Il s'en explique : « Je voulais éviter les polémiques où s'affrontaient déjà les viollet-le-duquistes de stricte obédience et les lustigériens favorables à un nouveau geste architectural. La décision de refaire la flèche à l'identique a été prise le 8 juillet 2020, sans tapage. Le consensus avait été trouvé, et c'est passé comme une lettre à la poste. »

En tant que représentant spécial du président de la République, le général Georgelin peut recevoir à l'Élysée. Un bureau lui a été affecté au rez-de-chaussée de la cour d'honneur. S'il en avait le temps, il pourrait tout savoir sur qui entre et sort du Palais. Comme c'est étrange, ce bureau était jadis une chapelle où sont venues prier Joséphine de Beauharnais, Eugénie de Montijo et peut-être même la duchesse de Berry. Du temps du général de Gaulle, un de ses neveux, le père François, venait parfois y dire la messe. Après lui, du temps de Georges Pompidou et de Valéry Giscard d'Estaing, la chapelle n'a plus servi, on y rangeait des dossiers ; l'autel et le prie-Dieu sont longtemps restés dans la pièce. On raconte que, lorsque François Mitterrand a visité l'Élysée en 1981, il a voulu la voir. Et demandé que les dossiers soient évacués pour qu'elle reste une chapelle. Il en a gardé la clé. Est-il venu y prier ? Peut-être. Aujourd'hui, le bureau et le fauteuil du général occupent la place de l'autel.

Une chose est sûre. Désormais, le général Georgelin incarne la mission qui lui a été confiée. « On me reconnaît dans la rue, le métro, dit-il, on m'interpelle : "Ah, vous êtes le général de Notre-Dame." Les gens sont très gentils. »

Un regret. Il juge que son staff de trente-huit collaborateurs (lui compris) est un peu faible ; il lui en faudrait le double, dit-il. Sur les quatre-vingt-huit établissements publics que compte le ministère de la Culture, nous sommes les plus contrôlés, et de tous côtés. Sa fierté : « La Cour des comptes a rendu hommage à la façon dont l'établissement public que je préside est géré car respectueux des normes, des process et des comptes [l'argent des donateurs]. Elle écrit : "Les conditions sont réunies pour que la cathédrale ouvre en 2024. Une date est déjà fixée, ce sera le 8 décembre pour la messe du culte marial." » Le général tient à le dire : « Sans les donateurs, des plus grands aux plus petits, rien ne se serait passé. Tout ce que nous faisons, c'est grâce à eux. On ne leur rendra jamais assez hommage. J'incarne la restauration de la cathédrale, certes. Mais sans l'architecte Philippe Villeneuve et ses équipes, sans la maîtrise d'œuvre, sans les équipes de l'établissement public, sans tous ces artisans extraordinaires, une richesse pour notre pays, sans le recteur de la cathédrale, Mgr Ribadeau-Dumas, et son équipe, nous ne parviendrions pas à relever cet immense défi de 2024. Nous allons le relever tous ensemble, nous nous le disons : on va y arriver. »

Bientôt Noël. Le général Georgelin s'accordera quelques jours de repos dans ses Pyrénées commingiennes, dont il est natif. Et devinez ce qu'il compte faire entre deux messes… De la marche !

23 décembre 2022

Caroline Eliacheff, les enfants d'abord

Psychanalyste, pédopsychiatre, Caroline Eliacheff reçoit dans son cabinet sis près de la place de Furstemberg, au cœur de Saint-Germain-des-Prés.

Un espace vaste aux murs clairs – sauf la cuisine –, canapés profonds, mobilier sombre, des livres (les siens) sur un rayonnage. Un décor sobre. Elle, vêtue d'un pantalon noir et d'un col roulé de grand froid. Cheveux tirés, beau visage, sans maquillage, le regard aigu et sombre.

Son crime : avoir publié un essai intitulé *La Fabrique de l'enfant transgenre*[1] coécrit avec Céline Masson, psychanalyste et professeure des universités.

« Notre but était de prévenir : ne touchez pas aux enfants. » *Comment protéger les mineurs d'un scandale sanitaire ?* est le sous-titre de leur essai.

« Nous pensions réunir un consensus sur le sujet. On le voit aujourd'hui, des pays comme la Finlande, la Suède, l'Angleterre revoient leurs protocoles. Nous nous sommes trompées. » Tout se conjugue pour les empêcher de parler en effet.

1. Éditions de l'Observatoire, 2022.

Le 17 novembre : invitées à Lille, au festival de philosophie Citéphilo, elles ont été accueillies aux cris de « fachos ! transphobes ! » par des militants LGBTQI + et aussi des écologistes, tapant des pieds et des mains. Le vacarme persistant, elles ont dû plier bagage. « Martine Aubry m'avait dit : "Viens, il n'y aura pas de souci pour votre sécurité" ; on l'a vu », glisse-t-elle avec humour.

Le 20 novembre à Paris, l'association Wizo, qui organisait un colloque sur « les nouveaux enjeux des parents », les avait sollicitées. Ariel Weil, maire socialiste de Paris Centre, avait prêté une salle. Mais quelques jours avant la réunion, l'un de ses adjoints prévenait par mail la Wizo que, en raison du trop grand nombre de menaces reçues contre les deux psychanalystes, la proposition de les héberger ne tenait plus.

Le 24 novembre, Caroline Eliacheff était à Lyon. Un dîner-débat était organisé autour d'elle par l'association féministe Regards de femmes. Épouvanté par le flot d'injures qu'il recevait, le restaurateur a annulé le dîner, qui a eu lieu ailleurs… sous la protection de deux cars de police !

15 décembre à Bruxelles : invitée du Café laïque, un lieu de résistance féministe. La réunion a été perturbée par des activistes trans, masqués, qui avaient collé sur la vitrine : « Ici transphobes et racistes »… Ils ont bousculé les tables, déversé une litière nauséabonde d'excréments de chat. Une action qualifiée de « terroriste » par les organisatrices. « Ces gens viennent semer la terreur dans les esprits. »

C'est le début du fascisme, s'alarme mon hôte, qui ajoute : « Nous sommes blacklistées par *Le Monde* et *Libération*. Heureusement, *Le Figaro*, *L'Express*, *Marianne* nous soutiennent, *Charlie hebdo* aussi. »

« Il est interdit d'interdire », clamaient les jeunes révoltés de Mai 68, pour qui progressisme rimait avec libération sexuelle : « Jouir sans entraves. »

« Il est interdit de débattre », décrètent les jeunes révoltés de 2022. Leur progressisme s'investit dans la négation du déterminisme biologique qu'ils assimilent au mal. Naître garçon ou fille est une assignation sexuelle arbitraire, une construction sociale, un obstacle majeur à l'épanouissement dont il faut vite s'extraire, selon eux. En changeant de sexe, de prénom, on s'autoengendre, on s'autodétermine… C'est l'accès à la liberté suprême !

Qui ose contrer ces dérives insensées se voit frappé de l'anathème « transphobe ».

« Moi, transphobe ? Mais je me fous de ce que font les adultes ! s'insurge Caroline Eliacheff. Les transgenres ont toujours existé de façon minoritaire. Autrefois, on les appelait les "transsexuels". Ils ne doivent faire l'objet d'aucune discrimination. C'est leur choix d'adulte.

« Ce qui me révulse, c'est qu'aujourd'hui il soit si facile pour un très jeune qui veut changer de sexe en fonction de ses ressentis (ce que l'on appelle la "dysphorie de genre") de trouver un médecin qui accepte de le faire, à coups d'hormones et de scalpel. Certains font même des signalements à la justice parce que des parents, qu'ils accusent d'être transphobes, refusent de donner à leurs adolescents des hormones, pourtant interdites dans ce cas-là.

« Autre exemple : au père d'une jeune fille qui menaçait de se suicider si on ne lui donnait pas un traitement hormonal, le médecin avait lancé : “Préférez-vous une fille morte à un garçon vivant ?” Il le rendait responsable du suicide de sa fille s'il n'obtempérait pas. »

Des études montrent l'impact des réseaux sociaux sur cette explosion de demandes de changement de sexe chez les enfants et les adolescents. Les jeunes filles sont désormais majoritaires. Sur YouTube, TikTok, Snapchat, Instagram, on trouve un florilège de conseils : comment faire son coming out trans, choisir son nouveau prénom… Certain[e]s exhibent leur corps et leurs cicatrices postopératoires. Avec ce commentaire : « Ce n'est pas à ta mère de décider pour toi qui tu es. » Les parents qui font obstacle à leur transition sexuelle sont traités de « réactionnaires », voire de « maltraitants ». Cette militance a pour dessein d'extraire les mineurs de leur milieu familial. En y adhérant, le jeune est héroïsé, et son courage, salué.

« La puberté est un moment d'inconfort intime qui génère d'intenses remaniements psychiques d'où découle la construction de la personnalité et de l'orientation sexuelle. Pour ces adolescents, la transition qui leur est proposée en inculpant le mauvais corps donne un sens à leur malaise. »

Dans une classe, il suffit de deux filles pour en embrigader d'autres, créer un clan par contagion. Les mutines de Panurge !

« Changer de sexe suppose une hormonothérapie à vie, aux effets secondaires irréversibles avec des risques lourds pour la santé à long terme. La chirurgie permet de changer imparfaitement l'apparence des organes sexuels. C'est très mutilant. Parler de réassignation sexuelle est un mensonge car le génome ne change pas. »

Le *JDD* a publié une enquête qui montre que des jeunes regrettent leur choix lorsque leur transition est terminée. « Il y a beaucoup de suicides », note Caroline Eliacheff, qui déplore que « cette philosophie aberrante gagne l'élite ».

À Sciences Po, adepte de l'écriture inclusive (un professeur aurait accordé des points supplémentaires aux étudiant[e]s qui l'utilisent), on discute jusqu'à l'emploi des mots « homme » et « femme ». Pour avoir contesté leur remplacement par « leader » et « follower », une professeure de danse a été poussée à la démission. « Les discriminations n'auront jamais leur place à Sciences Po », a rétorqué la direction.

Et ce n'est pas tout. « Le Planning familial, créé en 1960, avec pour objectif l'éducation sexuelle des femmes, l'accès à la contraception, la lutte contre les avortements clandestins, adopte désormais le langage transactiviste des LGBTQI + ("Il convient de s'adapter aux façons dont les personnes s'autodéterminent", est-il écrit sur son site). En décembre 2020, pour expliquer aux jeunes filles la venue des règles, on pouvait lire : "Elles arrivent entre dix et seize ans chez les personnes qui ont un utérus." Au Planning, les mots "femme" et "homme" sont aussi bannis. Il ne faudrait pas les employer car ils ne reflètent pas la réalité de notre corps et de notre vécu. Le Planning familial est financé par l'État, il a porte ouverte à l'Éducation nationale, où se trouvent les associations trans les plus militantes. »

Est-ce une mode, un changement radical de société, y aura-t-il un retour de balancier ? « Une mode, sûrement pas. C'est une des composantes du mouvement woke : après la race, le patriarcat, on s'attaque au genre. Un retour de balancier ? Je l'espère pour la protection des mineurs. »

Pédiatre, pédopsychiatre, psychanalyste, Caroline Eliacheff s'est depuis toujours intéressée aux enfants. Son premier stage, elle l'a fait à Necker-Enfants malades. Elle a travaillé sur l'anorexie mentale, y a créé le premier service de psychanalyse enfantine.

« Caroline est une combattante pour les enfants, dit d'elle son amie Alix de Saint-André. Elle est très concernée parce qu'ils sont sans défense et qu'il faut les protéger. Fille de Françoise Giroud, elle a hérité de son courage. Françoise Dolto fut son mentor, elle lui a légué sa feuille de route. »

Elle lui a en effet succédé à la pouponnière d'Antony où l'on s'occupe des enfants nés sous X jusqu'à leur adoption. Elle a, sur le sujet, écrit un livre très émouvant, *À corps et à cris. Être psychanalyste avec les tout-petits*[1].

Françoise Giroud... Je mesure la chance d'avoir appris auprès d'elle, à *L'Express*, pendant sept ans, le métier de journaliste. Toujours nimbée d'une pellicule glacée, elle m'intimidait. Je l'admirais.

« Elle me parlait souvent de vous », dis-je à sa fille.

« Avec ma mère on ne se parlait pas. Elle refoulait ses sentiments positifs, qu'elle n'aurait exprimés pour rien au monde. Je pense souvent à elle. Je n'ai jamais douté de son amour inconditionnel pour moi. »

Il n'est sûrement pas aisé d'être la fille de parents qui ne disent jamais rien.

1. Odile Jacob, 1993.

« Je me souviens d'avoir toujours su que mon père, Anatole Eliacheff, était russe, mais il ne m'a jamais dit qu'il était juif, écrit Caroline Eliacheff dans un petit livre, un bijou, *Ma vie avec la comtesse de Ségur*[1]. Il parlait six langues, mais n'a jamais voulu me parler russe. Ma mère non plus ne m'a jamais dit qu'elle était juive. Ma grand-mère s'était convertie. J'ai été élevée dans la religion catholique ; j'allais seule à l'église de l'Assomption tous les dimanches. »

Elle y mêle la trajectoire et l'œuvre de l'auteure née Sophie Rostopchine (fille du comte Fédor, qui déclencha l'incendie de Moscou dont il était le gouverneur – « Plutôt brûler la ville que de l'avilir en la livrant à Napoléon ») et sa vie personnelle, son vécu, son expérience de psychanalyste. Pour elle, la comtesse de Ségur est une pionnière dans la compréhension des jeunes. D'après la romancière, « l'enfant peut devenir bon ou être perverti selon l'éducation qu'il reçoit » : « Trop de brimades et d'humiliations en font un voleur, un perfide, un jaloux. De même, si les enfants sont trop gâtés par leurs parents, ils sont malheureux. Des parents qui confondent interdiction avec oppression, obéissance avec soumission sont incapables d'assurer le minimum de sécurité dont l'enfant a besoin en lui imposant un cadre. » La comtesse de Ségur, aïeule de François Dolto. Super Nanny avant l'heure… Je l'interroge :

« Pourquoi avoir choisi d'être psychanalyste ?

— J'ai fait médecine pour être psychanalyste afin de comprendre ce qui se passait en moi, pour être heureuse. "Tu dois faire un métier qui porte un nom", me disait

1. Gallimard, 2021.

ma grand-mère. Mes parents, qui se sont connus pendant la guerre dans le milieu du cinéma où ils travaillaient, lui comme producteur, elle comme script-girl, se sont vite séparés. Mon père me disait : “Tout le monde n’a pas la chance d’avoir une enfance malheureuse.” Mon frère – décédé dans un accident de ski – était en analyse, ma mère aussi, j’ai voulu faire comme les grands… Tous les trois sur le divan de Lacan. »

Caroline Eliacheff a eu une vie hors norme. Mariée à quinze ans (la majorité était alors à vingt et un ans) avec Robert Hossein. « Mon père m’avait mise dans son lit, dit-elle. Ma mère s’interrogeait : “Soit je t’envoie en pension, soit je te laisse faire.” Je savais ce que je voulais. Elle m’a soutenue. J’ai été mère de Nicolas et bachelière à seize ans, mais divorcée avant sa naissance. » C’est dire s’il lui a fallu assurer, faire ses études, trimer, tenir le choc.

Aujourd’hui, Caroline Eliacheff, mariée au producteur Marin Karmitz, a une grande famille. L’aîné, Nicolas, qui se destinait à une carrière d’acteur, est désormais rabbin à Strasbourg (« J’ai mis cinq ans à m’y faire ») et père de dix enfants, ce qui lui fait douze petits-enfants et huit arrière-petits-enfants. Sa vie est le roman d’une guerrière. La psychanalyse, oui, bien sûr, pour surmonter les blessures qui rôdent dans l’inconscient. Qui a dit : les larmes inapprivoisées de l’enfance murmurent toute la vie ?

2 janvier 2023

Cambadélis, miraculé qui croit aux miracles

Dans la galaxie socialiste, il n'y a plus de soleil. C'est à peine si une poignée d'étoiles y scintillent encore. Chez Jean-Christophe Cambadélis, sa passion pour la gauche lui tenant lieu de foi, la lumière reste toujours allumée. Il croit dur comme fer à sa résurrection. Alléluia ! À condition de tout changer, bien sûr : programme et fonctionnement, d'ouvrir un nouveau cycle dont il se veut l'éclaireur et, espère-t-il, l'architecte. Il vient de publier *Le Big Bang social-démocrate*[1] (pas encore sur la liste des best-sellers). Qu'importe ! Son temps, il le passe à lire, à analyser tout ce qui s'écrit et se dit de l'extrême gauche à l'extrême droite, rien ne lui échappe. Il enregistre tous les débats à la télévision pour les regarder quand sa famille dort encore. Tous les matins, il s'habille, costume et cravate, quitte Neuilly où il habite pour se rendre dans une brasserie chic des Invalides, « mon bureau », dit-il, où il reçoit tout le monde à gauche : élus, associations, groupuscules…

1. VA Éditions, 2022.

en buvant force thé vert. Pour les journalistes, il est une mine de renseignements. Les mêmes qui téléphonaient à François Hollande pour recueillir une ou deux vacheries sur tel ou telle, qui pimenteraient leur article, l'ont toujours appelé « Camba » pour son esprit de synthèse unique, ses intuitions, ses projections politiques et surtout sa connaissance des autres.

« Je décortique pour eux les rapports de force en présence ; j'évite de dire des méchancetés inutiles, je suis une sorte de base de données, un "cloud" », reconnaît-il, pas peu fier.

Camba ? Un personnage atypique, un parcours personnel et politique singulier. D'abord un physique : grand, brun, une belle gueule, de l'allure sauf lorsqu'il prend du poids dont il se débarrasse vite. « Se tenir droit, ne pas être vulgaire, toujours l'élégance », lui conseillait sa mère, employée à la Banque de France. Une grande belle femme « forte jusqu'à la toute-puissance, à la fois mère, ménagère et père ». C'est ainsi qu'il la décrit dans son livre de souvenirs. Une mère structurante. « Dans la vie, tout est volonté », lui disait celle qui avait accroché au-dessus de son lit le poème de Rudyard Kipling *Tu seras un homme, mon fils*. Elle ne lui a jamais dit : « Tu seras président de la République, mon fils. » Toujours pour l'élégance, elle lui fera faire de la danse, moderne et classique, seul garçon au milieu des filles à Sarcelles, tout en l'inscrivant à des sports plus « virils » : foot, basket, volley, rugby, pour équilibrer.

Le père, grec, est absent. « Une silhouette massive à la Lino Ventura, acquise dans sa jeunesse de boxeur et de catcheur », écrit son fils. À l'origine tailleur de diamants comme son propre père, pour être plus tard propriétaire de boîtes de nuit et de restaurants à Paris où son garçon est invité à dîner.

Le couple s'est séparé quand Jean-Christophe avait sept ans. Les époux ne se sont plus jamais parlé. La rupture est survenue après leur tentative ratée d'aller faire fortune au Canada.

De cet épisode lointain reste ce souvenir très fort : être tombé du troisième étage de leur immeuble de Montréal, sur le toit d'une voiture américaine. Il avait six ans. La police et les ambulances s'étaient précipitées. L'enfant n'a pas une égratignure. La télévision de Montréal et les journaux parleront du « petit Français miraculé ».

Retour en banlieue parisienne à Sarcelles. Le père est resté au Canada. L'instituteur laïque et communiste l'interpelle : « Pourquoi écrivez-vous de la main gauche ?

— Parce que j'écris comme ça ! répond-il.

— Eh bien on va vous faire écrire de la main droite. »

Chaque jour, le maître lui accroche la main gauche dans le dos. « Je suis un gaucher contrarié », dit-il. Il en devient dyslexique, incapable de lire correctement. Le handicap le poursuit longtemps, l'obligeant à construire des stratégies de contournement, un esprit de synthèse exceptionnel, une mémoire visuelle qui lui permet de retrouver son chemin dix ans plus tard dans une ville étrangère, de citer la place exacte des politiques dans un congrès, et d'apprendre l'orthographe aussi.

Exclu du lycée de Sarcelles pour indiscipline, il est envoyé en pension à Pierrefitte par sa mère, dans une école Montessori tout acquise à l'émancipation de l'enfant. À l'époque, il voulait être acteur. « J'ai créé une troupe de théâtre », indique-t-il, mais un professeur de maths le convertit au trotskisme lambertiste antistalinien. Alors qu'il a quinze ans, le virus s'installe. Une lecture l'émancipe de l'enfance : *Histoire de la révolution russe*, de Léon Trotski.

En 1971, à vingt ans, il s'inscrit en économie à l'université de Nanterre, où il croise un moustachu maigre comme un clou, qui l'apostrophe : « Camarade, rejoins la révolution. » C'est Benjamin Stora, futur historien spécialiste de l'Algérie. Cambadélis entre dans le monde Lambert, le nom du leader de l'Organisation communiste internationaliste, un mouvement trotskiste. Pierre Lambert, une tête imposante posée sur un petit corps. Un parler de titi parisien qui tient son organisation d'une main de fer. Pour devenir trotskiste, il faut participer à un groupe d'études révolutionnaire pendant un an. L'apprenti militant doit connaître tous les fondamentaux théoriques du marxisme, l'histoire du mouvement ouvrier, de la social-démocratie, et toute la littérature de Trotski, et vendre en plus le journal *Informations ouvrières*. Après admission dans l'organisation, il faut prendre un pseudonyme. Car, personne ne doit connaître personne. Pour Camba, ce sera « Kostas », un prénom grec.

Et puis il y a les stages, une fois par an, où l'on apprend à rédiger des tracts, avec aussi une formation militaire comme courir pieds nus dans la forêt de Rambouillet. Chacun doit mettre au pot ce qu'il a en poche, voire signer des chèques antidatés. Une organisation qu'Henri Weber, fondateur de la Ligue communiste révolutionnaire (LCR), autre mouvement trotskiste, appellera « la secte » en raison du culte du chef, de la discipline de fer et des exclusions. C'est sur ce modèle que Jean-Luc Mélenchon, militant lambertiste, dirige La France insoumise.

On se demande aujourd'hui comment Pierre Lambert, homme sans relief, a pu subjuguer tant d'intellectuels, d'artistes, de metteurs en scène, de politiques (comme Lionel Jospin, qui le niera lorsqu'il était Premier ministre ; un gros mensonge qui pèsera sur le résultat de la présidentielle en 2002). Le stalinisme est l'ennemi des lambertistes, car il est un verrou de tout processus révolutionnaire. Ils n'ont qu'une seule boussole : combattre les « stals », les communistes !

Je l'interroge : Trotski a certes été assassiné à Mexico sur ordre de Staline en 1940, mais il était comme lui partisan du régime de terreur, inventeur du goulag et de l'Armée rouge. Un héros, vraiment ? Camba reconnaît qu'ils en avaient une vision romantique. Lui, c'est Lambert qui le fascinait. Il était au courant de tout, connaissait tout le monde, se montrant toujours charmant et bienveillant. « Il m'emmenait. On déjeunait, on buvait pas mal avec des syndicalistes, des socialistes. Il appelait ça "mes liaisons". Il apprenait plein de choses sur les relations avec les gens. "Pour influer, il faut tout savoir. Tout savoir pour pouvoir", me disait-il. » Une leçon que Camba n'a jamais oubliée. Durant ces années-là, il est devenu une vedette dans le monde étudiant. À vingt-six ans, il a réussi à se hisser à la présidence de l'Unef-Unité syndicale. Il est un leader charismatique qui organise la stratégie, la castagne, le service d'ordre. Il se flatte d'avoir sorti le syndicalisme étudiant de la marginalité. Car il a compris d'instinct que pour être plus fort, plus efficace, il faut rassembler au-delà des cristallisations politiques.

Alain Bauer, célèbre professeur de criminologie, rocardien, qui fera partie de son équipe, admire : « Il a réuni toute la gauche universitaire, hormis les communistes, sans rien perdre de sa souveraineté. » Comme président de l'Unef, il rencontre le candidat Mitterrand à l'automne 1980 au siège du PS. Il arrive avec un questionnaire : « Élu président, que ferez-vous pour l'université ?

— Écrivez les réponses à ma place et on les corrigera », lui répond Mitterrand.

« Voilà comment j'ai passé ma première matinée à Solférino. Je lui ai fait signer l'abrogation de la loi Edgar Faure, ce qui a permis à l'Unef en 1981 de gagner haut la main les élections universitaires dominées jusque-là par les communistes. »

Jean-Christophe Cambadélis quitte l'Unef en 1985 à la demande de Lambert. Mais bientôt, les critiques du chef à l'égard de Mitterrand, des socialistes, son autoritarisme, ses menaces physiques, vont provoquer la rupture. Camba part, entraînant à sa suite plusieurs centaines de militants. Un coup dur pour Lambert. Le sécessionniste noue une relation particulière avec François Mitterrand. Une fois par mois il le rencontre dans le bureau de Jean-Louis Bianco, le secrétaire général. « Et alors ? » interroge le président. Camba passe en revue la situation politique, ce qui se trame dans les organisations. « Mitterrand m'a demandé : "Faites le tour des courants du PS et tenez-moi informé." » Un an plus tard, il lui recommande d'entrer dans le courant majoritaire du PS (derrière Jospin). En 1988, il lui confie l'organisation des meetings de sa campagne. Mitterrand est réélu et Camba devient député de Paris le 12 juin 1988 pour une mandature. Battu en 1993, Cambadélis revient au Parlement en 1997, où il sera élu et réélu pendant vingt ans.

Il ne s'est jamais fait remarquer aux questions d'actualité. Lui, ce qu'il préfère, c'est travailler, lire les textes des autres et beaucoup de livres. Il en écrit aussi. Il confie en avoir des montagnes chez lui, à la cave, dans les couloirs, à la campagne. « Tu sais que tu pourrais mettre ça sur ordinateur ? » lui conseille son fils âgé de quinze ans. Quand tant d'autres de sa génération rêvent d'être ministre, lui n'a jamais eu qu'une ambition : être premier secrétaire du PS. En 1980, Mitterrand lui avait lancé, Rue de Solférino : « Vous serez peut-être un jour à ma place. »

C'est peu dire qu'il a été déçu, lui qui avait imaginé, organisé, architecturé la gauche plurielle pour Jospin, que ce dernier choisisse François Hollande. À l'époque, il fait équipe avec Pierre Moscovici, aujourd'hui président de la Cour des comptes. « Un bon souvenir », dit-il (même s'ils sont fâchés depuis).

« Nous sommes les Brett Sinclair et Danny Wilde [héros du feuilleton *Amicalement vôtre*] de Lionel Jospin », moquait Camba. « J'ai beaucoup appris de lui, ajoute Pierre Moscovici. Il était très cultivé, avec une connaissance unique des gens. Une imagination surdéveloppée et beaucoup d'intuition. Pédagogue hors pair, il a été le poisson pilote de Jospin. En cette période dépolitisée et sans mystique, je l'admire de conserver cette passion pour la politique. » Tous deux, évidemment, ont partagé avec une grande tristesse la catastrophe DSK.

Un immense espoir déçu. François Hollande élu président de la République, Jean-Christophe Cambadélis lui fait part de son désir d'être premier secrétaire. « Il ne m'écoutait pas et soliloquait sur la réussite de sa vie politique en se rengorgeant que des hommes considérés comme plus talentueux, Jospin, Fabius ou DSK, aient échoué. Et de me lâcher avec un sourire désarmant : "Martine Aubry ne sera pas d'accord." » C'est Harlem Désir qui est choisi.

2014. Échec aux municipales, la gauche a perdu cent vingt et une villes de plus de dix mille habitants. La droite en a conquis cinq cent soixante-douze. Un coup de tonnerre. François Hollande accède enfin à son désir, un peu tard, trop tard. La roue tourne : Manuel Valls est à Matignon, Emmanuel Macron remplace Arnaud Montebourg à l'Économie. Deux ans plus tard, il crée son mouvement En marche. On connaît la suite. François Hollande renonce à être candidat, Manuel Valls a raté la primaire. Benoît Hamon, le candidat du PS, recueille 6 % des suffrages, le pire score depuis 1971. C'est la bérézina. Jean-Christophe Cambadélis est battu aux législatives à Paris. Il redevient citoyen engagé, promet de l'être jusqu'à la tombe. Son nouveau chemin : refonder la gauche. Las, le PS continue de se diviser. Il ne compte plus que vingt-trois mille militants et deux courants à égalité. Une voie de plus en plus étroite ? Peut-être enfin le temps du Big Bang…

23 janvier 2023

Éric Woerth ne lâche jamais prise

Éric Woerth reçoit dans son bureau de questeur. Espace sobre, aucune touche personnelle sur les murs ou sur les rayonnages. Sa table de travail est chargée de piles de dossiers. Son job : la gestion du fonctionnement de l'Assemblée nationale. « Une usine », dit-il. Six cents millions de budget, mille cinq cents fonctionnaires. « Un gros boulot ! » Il ne s'en plaint pas, le travail est aussi collégial, avec deux autres questeurs : Marie Guévenoux et Éric Ciotti. À l'instar de ses collègues, Éric Woerth dispose d'un vaste logement de fonction, sans charme. On se croirait dans une préfecture.

Il propose un café.

Ce qui frappe quand on le regarde, c'est que le temps et les événements n'ont pas de prise sur lui. Certes, les tempes ont un peu grisonné. Il a opté pour de nouvelles lunettes, la monture, écaille blonde, est plus seyante. Pour le reste, il est immuable : toujours ce front haut et lisse, le regard est direct, le sourire, enfantin. Toujours aussi courtois, policé, un brin distant. Un jour de déprime, ce n'est pas à lui que l'on téléphonerait en premier. « Il peut être très drôle, a beaucoup de repartie », corrige Rachida Dati. Et toujours cette même silhouette entretenue par les randonnées et les courses en montagne. Et toujours ses costumes-cravates et ses chemises blanches.

Alors, quoi de neuf ? Il y a tout juste un an, en février, il a quitté Les Républicains pour rejoindre la Macronie. Lui, le gaulliste de toujours. À la mort du général de Gaulle, il avait défilé avec ses parents sur les Champs-Élysées pour un dernier adieu. Un moment de grande émotion. Il s'est inscrit au RPR en mai 1981, le lendemain de l'élection de François Mitterrand.

Alors, un coup de tête ? Oui, il le reconnaît, il avait « envie de changer d'air ». Il ne se retrouvait plus dans son parti, devenu à ses yeux une machine stérile. « De plus en plus démago, antieuropéen, trop anti-Macron aussi. » « Après le départ de Nicolas Sarkozy, on a perdu la vision collective. La candidate Valérie Pécresse ayant déclaré que Macron et LR, "c'était du copier-coller", je me suis dit : pourquoi se gêner puisqu'il y a davantage d'électeurs LR chez Macron ? » Il a franchi le pas et se retrouve dans l'hémicycle avec les Renaissance. « Une UMP déportée à gauche », dit-il. Mais lui ne varie pas, il est toujours à droite.

« Il s'est coulé dans le groupe avec beaucoup de gentillesse. Il vient aux réunions, prend la parole, se montre ferme sur ses positions économiques, mais ne la ramène pas. Lui qui a été ministre du Budget, des Affaires sociales, de la Fonction publique. Il a proposé à de jeunes collègues de les former sur la réforme des retraites. Bref, il est adopté, j'ai beaucoup de respect pour lui », témoigne Gilles Le Gendre, ex-président du groupe En marche à l'Assemblée.

Côté LR, on lui en veut, bien sûr. « Quand il a eu ses ennuis, on a tous été solidaires, on ne l'a pas lâché. »

« Je lui dis à peine bonjour », avoue Olivier Marleix, le président du groupe LR à l'Assemblée nationale. Un jeune élu a refusé de lui serrer la main.

« Son départ a été pour moi une incompréhension et une déception. Mais je n'ai aucune difficulté à travailler avec lui dans un climat détendu », assure Éric Ciotti, le président LR.

Les anciens le disent : « Éric est un type bien. »

Un ami qui s'amuse à le titiller note : « C'est bizarre de rejoindre la Macronie au moment où l'on ne sait plus très bien ce qu'est le macronisme. »

Pour la famille Les Républicains, Éric Woerth, c'est l'histoire d'un ministre dont le destin politique a été brisé par la malveillance, la médisance et un déchaînement médiatique proche de l'hystérie.

Il y a douze ans, c'est lui que Nicolas Sarkozy choisit comme premier de cordée pour s'attaquer à cet Himalaya mitterrandien : la retraite à soixante ans. Une voie où il n'y a que des faces nord et des vents violents, où l'on peut dévisser. Le président l'avait appelé au téléphone : « Parles-en à ta femme, on se revoit demain. »

Affaire conclue ! Le ministre du Budget ne pouvait qu'obtempérer. Flatté, au fond, honoré même, mais prévenu. « Ça va souffler fort, Éric, mais on ne calera pas. »

Les retraites ! « Il y a de quoi faire sauter les cinq ou six gouvernements qui seront amenés à s'en occuper », prophétisait Michel Rocard en 1990. Dix ans plus tard, le commissaire au plan Jean-Michel Charpin avait remis à Lionel Jospin, Premier ministre, un rapport alarmiste sur l'avenir des retraites. Par crainte de braquer les fonctionnaires, il avait commandé un autre rapport. Celui-là moins inquiétant. Enfin, René Teulade vint : un Corrézien, ami de François Hollande, ministre des Affaires sociales de Bérégovoy. On le sollicitait pour écrire un troisième rapport. Miracle, lui énonçait que la question des retraites se réglerait par la croissance, qu'il prévoyait à 3,5 % pendant quarante ans. Lionel Jospin a voulu croire à ce conte de fées : *exit* la réforme !

En mai 2010, Éric Woerth se met au travail, reçoit tous les syndicats. Ils sont unanimes : toucher aux soixante ans, c'est non. Il n'y a rien à négocier. Ce qui n'empêche pas la discussion. « Pendant trois mois, je n'ai cessé de les voir, raconte Éric Woerth, un à un, toujours en tête à tête et non ensemble. » À l'Élysée, Raymond Soubie, le conseiller social, maintient avec eux des contacts quotidiens. Éric Woerth reçoit aussi les chefs de parti Jean-Marie Le Pen et sa fille : « Ils ne connaissaient rien au dossier, ils n'avaient qu'une exigence : mettre les immigrés dehors. Martine Aubry, la première secrétaire du PS, débitait des contre-vérités avec un aplomb qui me sidérait, d'autant qu'elle avait elle-même évoqué les soixante-deux ans possibles pour s'en dédire aussitôt, devant la bronca socialiste. »

Nicolas Sarkozy a, lui aussi, beaucoup travaillé : « Je regarde le texte au millimètre », disait-il aux journalistes. Il n'a pas reçu les leaders syndicaux, « pour éviter les déclarations tonitruantes sur le perron de l'Élysée ».

En juin, il tranche : « L'âge légal du départ à la retraite, ça sera soixante-deux ans, en 2018. » Raymond Soubie aurait préféré soixante-trois ans.

Les socialistes jugeaient ce rythme trop brutal, la réforme, injuste. « Nous reviendrons sur la retraite à soixante ans », promettait Benoît Hamon, le porte-parole du PS.

Et, pour les manifs, le gouvernement sera servi. La première, le 27 mai 2010. À l'appel de l'intersyndicale, soixante-dix cortèges sillonnent les rues en France. La CGT annonce un million de personnes (la police, trois cent quatre-vingt-quinze mille). Jusqu'à la fin de l'examen du texte, en novembre, on comptera quatorze défilés, dont quatre totaliseront plus de deux millions de manifestants. Nicolas Sarkozy est alors au sommet de son impopularité avec 72 % de mécontents.

Le 14 juin 2010 est une date qu'Éric Woerth n'oubliera jamais. À deux jours de la présentation publique de la réforme phare du quinquennat, *Mediapart* lui envoie une torpille : un mail qui est un véritable interrogatoire de police sur les activités qu'exerce son épouse Florence au sein de la structure de gestion de Liliane Bettencourt. Le jour de la présentation de la réforme devant le Parlement, *Mediapart* met en ligne les premiers enregistrements faits par le maître d'hôtel de la milliardaire, où Patrice de Maistre, le gérant de sa fortune, évoque les conditions d'embauche de l'épouse du ministre.

« J'avais beau marteler que tout ceci n'était qu'affabulations, les messages ne passent pas. » *Mediapart* révèle que Mme Bettencourt a perçu en mars 2008, au titre du bouclier fiscal, un chèque de trente millions d'euros signé par Woerth. Le ministre n'a jamais rien signé lui-même, comme l'attestent les services de Bercy.

« Je suis passé en quelques jours du pont d'Arcole à la Bérézina », raconte Éric Woerth. Il est pris sous le feu roulant des attaques, et chaque jour le feuilleton s'enrichit : avoir facilité l'embauche de son épouse sur fond de conflit d'intérêts, être intervenu, soupçonne-t-on, afin que Patrice de Maistre décroche une Légion d'honneur, avoir maquillé ses revenus dans le but d'obtenir un emprunt pour sa campagne électorale à Chantilly. Accusations détricotées par l'intéressé sur-le-champ, qu'importe !

Le journal *Marianne* le traite de « menteur ». La *Tribune de Genève* affirme que Mme Woerth se rendait souvent à Genève pour y gérer les comptes de Mme Bettencourt. L'article se fonde sur des déclarations anonymes. En réalité, des banquiers genevois règlent leurs comptes avec un ministre détesté pour avoir placé la Suisse parmi les paradis fiscaux non coopératifs. Il avait même brandi une liste de trois mille noms de citoyens français clients de la banque HSBC. Florence Woerth peut prouver qu'elle n'a pas mis les pieds à Genève depuis plusieurs années. Elle porte plainte contre la juge Eva Joly et Arnaud Montebourg, qui l'ont accusée d'être complice d'évasion fiscale. Ils seront mis en examen. « J'ai compris qu'Éric avait payé cher de s'être attaqué à la Suisse. C'était très osé. Il y a tellement d'argent », dit-elle aujourd'hui, la voix rieuse. Il y a douze ans, elle se promettait de ne plus jamais lire les journaux qui les avaient tant démolis tous les deux.

Raymond Soubie : « J'ai beaucoup d'estime pour lui. Il est très équilibré, ce qui n'est pas monnaie courante en politique. Je l'ai vu souffrir beaucoup, je n'ai jamais douté de sa probité. »

Et puis ce plat de résistance : la rocambolesque affaire de l'hippodrome de Compiègne, qu'il n'aurait pas vendu au juste prix. Les attaques viennent de partout. Sur les plateaux, alors qu'il vient défendre la réforme des retraites : « Alors, monsieur Woerth, c'est quoi, cette histoire de Compiègne ? »

Aujourd'hui, que reste-t-il de ces attaques ? Rien. Dans toutes ces affaires, il a été relaxé, mis hors de cause. « Hélas, le temps du non-lieu n'est pas le temps du jugement populaire », soupire Éric Woerth.

Son avocat, Jean-Yves Le Borgne, admire son sang-froid, sa capacité d'analyse. « Ce n'est pas un produit inflammable et passionnel. »

On se demande comment il a pu tenir. « Est-ce que cela vous a servi d'avoir un tempérament de montagnard ?

— Absolument. L'escalade, c'est prendre des risques, c'est s'exposer. Mais quand on commence, on n'a pas le choix, on ne peut sortir que par le haut, aller au but, le sommet. On ne redescend jamais par le même chemin. Faire de la montagne en cordée signifie qu'on est solidaire l'un de l'autre, qu'on prend des risques ensemble, qu'on progresse. Parfois, on se croit dans une impasse, c'est comme dans la vie professionnelle. Mais en montagne, il suffit de déplacer le pied de quelques centimètres, d'appuyer un peu plus sur la pointe des pieds et tout d'un coup le chemin se réé-claircit. On avance et on ne dévisse pas. »

Il dit aussi que sa force, il l'a puisée dans la solidité de son couple, avec Florence, sa femme, qu'il a connue sur les bancs de HEC.

Douze ans plus tard, Éric Woerth sait gré à Nicolas Sarkozy de lui avoir conservé durant tous ces mois sa confiance. « Je ne l'ai pas entendu une seule fois, je dis bien une seule fois, douter de ma parole. Au téléphone, il me disait : tiens bon, j'ai déjà vécu ça, je sais ce que c'est. »

Il n'empêche, une fois la réforme des retraites votée, Éric Woerth a dû quitter le gouvernement pour préparer sa défense.

Aujourd'hui, il l'affirme : « Je n'ai pas de nostalgie, de regrets, car c'est enfermant. L'avenir pour moi est plus important que le passé. On avance en âge, mais on se sent plus indépendant. La vie est belle… On n'a rien inventé de mieux que la vie. »

5 février 2023

Jean-Louis Bourlanges, l'« ogre » de l'Assemblée

Jean-Louis Bourlanges préside la commission des affaires étrangères de l'Assemblée nationale. La fonction (qui le passionne) comme lui-même sont peu connus du grand public. Mais dans l'hémicycle, sa réputation est bien installée. Car il est un orateur dont la voix porte. Sa diction de Comédie-Française, alliée à un style narratif qui englobe une analyse toujours subtile et docte, fait mouche.

Son défaut ? Une faconde expansive, parfois trop. On le lui pardonne. Mais que voulez-vous, c'est un verbomoteur ! Lorsqu'il intervient en réunion de groupe du MoDem où il est recommandé d'être bref, il rétorque : « Mais j'en suis incapable ! »

« C'est un grand parlementaire comme on n'en fait plus et comme on en voudrait encore, assure son ami de toujours, le politologue Jérôme Jaffré, qui décrit un personnage hors norme. C'est un ogre, jamais rassasié de lecture. La littérature, la politique, l'histoire… Sa culture est immense et, comme il est hypermnésique, il retient tout. Des citations, il en a plein les poches. »

Et de narrer quelques souvenirs qui l'amusent encore. Comme ce pique-nique en famille en forêt où Jean-Louis était monté sur un rocher pour réciter d'une traite, et en mimant l'auteur, le discours d'André Malraux lors de l'entrée au Panthéon de Jean Moulin. Cela peut être aussi des pages entières des *Mémoires d'outre-tombe*, de Chateaubriand, qu'il décline en guise de dessert. « Lorsque tout tremble devant le tyran, et qu'il est aussi dangereux d'encourir sa faveur que de mériter sa disgrâce, l'historien paraît, chargé de la vengeance des peuples. » Ou encore des vacances durant leur jeunesse, au bord de la mer, avec un biberon à donner à l'aube. Surprise, Jean-Louis est levé depuis 4 heures du matin pour écrire son livre, et déjà volubile ! Il tient à informer le jeune père qui, lui, n'a qu'une hâte, aller se recoucher, du changement de plan de son ouvrage : « Écoute-moi, Jérôme. » Il était intarissable.

« Jean-Louis a toujours parlé à trois personnes comme s'il y en avait trois cents devant lui, témoigne Gérard Le Gall, un ami d'autrefois, politologue et ancien conseiller de Lionel Jospin. À Sciences Po, il lui suffisait de paraître pour être. »

Son appétit intellectuel va de pair avec celui pour les nourritures roboratives. Ses rondeurs assumées témoignent qu'il n'a jamais été une mauviette à table. Ou alors, « s'il grignote, c'est entre les repas », ironise un proche. Une sacrée nature, donc. « Il a une incroyable résistance physique », admire son ami Jaffré.

Encore entravé dans sa marche par une foulure de la cheville, Jean-Louis Bourlanges prévient, joyeux, qu'il sera libéré du plâtre le soir même, sans toutefois jurer qu'il sera ingambe dès le lendemain. Il reçoit donc, assis et fort affable, une canne à son côté, dans son vaste bureau sis en face du ministère de la Défense avec vue sur le petit square devant la basilique Sainte-Clotilde. Les cloches tintent parfois. Ce qui doit plaire à ce chrétien. D'emblée, la conversation s'ouvre sur la guerre en Ukraine. « Poutine est mû par le rejet de la démocratie, qui mettrait en cause les dérives kleptocratiques sans limites de son pouvoir. Il déteste les libertés fondamentales, l'État de droit, le refus de la violence autoritaire. Mais comme il ne peut l'avouer frontalement, il s'attaque aux mœurs de l'Occident, à la culture LGBT, qui devient un clivage mondial central. Cet élément de la culture occidentale est pour lui le plus facile à pourfendre. »

Jérôme Jaffré raconte : « Je me souviens d'une de ses colères en janvier 2022. Nous dînions avec un ami qui affirmait – comme tout le monde à l'époque – que jamais Poutine n'attaquerait l'Ukraine. "Vous vous trompez, vous ne voyez pas que Poutine veut anéantir la nation ukrainienne, on va vers la guerre", avait-il pesté. »

Que dit-il du discours croisé de Poutine et de Joe Biden le même jour ? « Poutine s'est fourvoyé dans l'analyse du rapport de force avec l'Ukraine. Son orgueil démesuré l'enferme dans un déni. Il reconstruit l'Histoire. C'est la Russie qui est attaquée, qui est une victime. Il est pathétique. Le discours de Joe Biden à Varsovie après sa visite surprise à Kiev fait penser au "*Ich bin ein Berliner*" de Kennedy en 1963. Là, c'est "*Ich bin ein Ukrainer*". Il a cassé l'image de la dérobade américaine. En affirmant son soutien indéfectible aux Européens, il a répondu à l'appel de l'Histoire. »

Le président de la commission des affaires étrangères regrette, amer, qu'il n'y ait pas dans l'hémicycle de débat sur la question ukrainienne, alors qu'ils s'enchaînent au Bundestag. « Mais voilà, la diplomatie est contrôlée par le président, soupire-t-il. C'est son "domaine réservé". La formule a été inventée par Chaban dans un discours à Bordeaux en 1959. »

Je l'interroge sur ses relations avec le président Macron. « Il est très aimable avec moi, il a toujours des mots chaleureux. J'ai eu plusieurs entretiens avec lui… qui ont duré entre trente secondes et deux minutes. Je n'ai pas eu le sentiment qu'il avait le désir d'entendre mes analyses. Mais je suis associé aux voyages. Un rôle décoratif. En Algérie, pendant ses rencontres avec les officiels, avec mon homologue du Sénat nous avons été invités à nous recueillir sur la tombe de Roger Hanin. J'aimais beaucoup le commissaire Navarro. » Il était aussi du voyage à Washington. Le président Macron l'a présenté à Joe Biden. Un entretien qui a duré trente secondes, comme d'habitude. Merci, monsieur le président.

Jean-Louis Bourlanges adore son job. À la commission, il peut auditionner les meilleurs experts, les ambassadeurs de passage à Paris et aussi voyager pour échanger avec ses homologues. Son vice-président le LR Michel Herbillon, qui ne tarit pas d'éloges sur son président – « expérimenté, compétent, cultivé, denrée de plus en plus rare » –, se rappelle leur voyage à Washington après que, sous pression américaine, l'Australie avait dénoncé la commande de sous-marins français. « Nous avons été au Capitole dire à nos homologues combien la France avait été outragée. Nous étions très en colère. Ils devaient le savoir. »

Les élus de la commission apprécient le savoir-faire de leur président, son humour, sa façon d'user et abuser de citations et d'anecdotes. Un jour qu'il était arrivé avec un léger retard, il rappelait l'histoire d'un invité débarquant essoufflé à l'Élysée pour un dîner officiel du général de Gaulle. Alors que le retardataire s'excusait devant l'aide de camp, le colonel de Bonneval, celui-ci lui avait rétorqué : « Ne vous inquiétez pas, le Général a déjà fait enlever votre couvert. » Dans les réunions en commission, il met du liant. Les rapports sont moins clivants que dans l'hémicycle. Lorsque Mélenchon était député, ses interventions y étaient beaucoup moins robespierristes. « Mélenchon, c'est docteur Jekyll et mister Hyde. Il peut être un homme très courtois, presque obséquieux, et le lendemain c'est un homme impitoyable, prêt à tout détruire. Aujourd'hui, il est comme Mao. Le vieux qui prend les jeunes pour détruire ses compagnons de route. » Voilà qui est dit. Lorsque Marine Le Pen vient, elle s'exprime. On l'écoute. Les LFI qui font tant de bruit dans l'hémicycle se distinguent là par leur silence, tels Louis Boyard qui vient très peu, *idem* pour Mathilde Panot et Clémentine Autain (qui n'a pas demandé que l'on féminise son nom en Autaine). Jean-Louis Bourlanges a accueilli le pestiféré Adrien Quatennens. « J'ai demandé aux collègues de laisser les vociférations au vestiaire. Un parlementaire a le droit de siéger. » Et lui n'est pas du genre à jeter la pierre aux gens qui sont à terre.

Et la politique ? Il se définit comme un gaulliste, européen. « Bien plus libéral que la plupart de mes collègues », se flatte-t-il.

Il a été candidat RPR à Dieppe en 1981. Une déception. Il était pour Chaban en 1974, Giscard n'était pas alors sa tasse de thé. Il s'est mal entendu avec Séguin. Était très lié avec Édouard Balladur. Ses rapports avec Jacques Chirac se sont vite distendus. « J'ai quitté la famille gaulliste par morceaux », explique-t-il. En 1988, Jean-Louis Bourlanges publie un ouvrage qui n'arrangera pas les choses avec sa famille d'origine : *Droite année zéro*[1]. Mais qui lui vaudra de figurer sur la liste Giscard pour les européennes de 1989.

Pour Jean-Louis Bourlanges, la vie politique a commencé lorsqu'il a été élu député européen. C'est le grand moment de sa vie. Il va le rester dix-huit ans. « J'avais l'impression de participer à une sorte de congrès de Vienne permanent. [Pendant ce laps de temps, l'Europe passera de douze à vingt-sept pays.] C'était la rencontre de toutes ces cultures, l'ouverture sur des sociétés à la fois si proches et si lointaines. À Strasbourg, on se retrouvait le soir. Tout le monde se parlait. On s'envisageait sans se dévisager. On échangeait. C'était l'Europe de la convivialité. » Il s'est constitué un incroyable réseau d'amis. C'est lui qui a convaincu Valéry Giscard d'Estaing de voter pour Jacques Delors comme président de la Commission. « Comme Français, vous ne pouvez pas ne pas voter pour lui. » Avec le temps, dit-il, on s'entendait bien avec Giscard.

En 2007, il démissionne. Il veut être auprès d'Angéline, sa femme, qui va lutter pendant trois ans contre la terrible maladie. Ses amis décrivent une partenaire intellectuelle

1. Flammarion, 1988.

aussi vive que son mari. Un couple fusionnel. Pour lui, un chagrin irréparable.

Jean-Louis Bourlanges, c'est aussi une longue histoire avec François Bayrou. Avec une succession de fâcheries et de réconciliations. Mais il y a toujours un moment où l'on se fâche avec Bayrou. Leur différence loge dans leur caractère, sans doute, mais aussi dans leur approche politique. « Moi, je ne suis pas un démocrate-chrétien. Je n'ai pas le réflexe MRP. Le premier parti de France à la Libération, qui exprimait une allergie profonde au libéralisme économique. C'étaient des gens très anti-élite financière, qui n'aimaient pas le pouvoir de l'argent. L'opinion française est d'ailleurs toujours très en phase avec cela. »

Les années 2000 ne sont pas propices aux deux amis lorsque Bayrou a voulu briser à lui tout seul le duel droite-gauche. Il a cassé la droite sans s'allier à la gauche. Il a surtout tué l'UDF. « En 2007, je soutenais Nicolas Sarkozy et lui songeait à être le Premier ministre de Ségolène Royal. On se souvient de leur débat entre les deux tours. Ils ont dansé le tango. Il faisait du Mélenchon avant la lettre. L'affaire ayant échoué, au second tour il n'a soutenu personne. Mais en 2012, lorsque François Bayrou s'est prononcé pour François Hollande, on ne s'est pas parlé pendant longtemps. » Ils ferraillaient dans la revue *Commentaire*. En 2017, Jean-Louis Bourlanges a été élu député des Hauts-de-Seine sur le contingent MoDem alloué par le président Macron pour son soutien décisif. François Bayrou a apporté ses 6 % de voix au futur président, qui en totalisait alors 18 %, et c'est grâce à cela que Macron a été élu. D'où des accords sur un quota de circonscriptions. Bayrou a reconstruit le MoDem. « Mais moi j'étais partisan de Macron avant François », glisse Jean-Louis Bourlanges. François et Jean-Louis, deux amis, le premier aimant bien titiller le second pour lui rappeler que lui est agrégé de lettres classiques (latin, grec) alors que Jean-Louis n'est qu'agrégé de lettres modernes…

Je l'interroge : vous pensez qu'il sera candidat en 2027 ? « Il a une conscience sédimentaire, une couche qui lui dit : "C'est trop tard", une autre qui lui dit : "Pourquoi pas, voyez Biden." Au fond, il était trop vieux quand Macron est arrivé, mais il sera toujours assez jeune après Macron. » Et *quid* de l'avenir ? « Le macronisme n'a pas de passé, il n'aura pas d'avenir non plus puisqu'il ne sera plus là. Ses partisans doivent s'organiser sans lui. » Et à droite, que dites-vous de la candidature Wauquiez ? « À force d'être aux abonnés absents, on se demande s'il a le téléphone. » Il se pose des questions sur Jean Castex. C'est un ami qui lui a raconté cette anecdote : « Lorsque l'ex-Premier ministre est revenu quelques semaines à la Cour des comptes, quelqu'un lui a dit : "Vous avez fait une belle sortie." Il a répondu : "J'espère que ce ne sera pas la dernière." »

Heureux au Parlement européen, heureux comme président de la commission des affaires étrangères, est-ce à dire que Jean-Louis Bourlanges n'a jamais eu d'ambition ministérielle ? « En réalité, il n'a jamais fait ce qu'il faut pour obtenir un maroquin », révèle Jérôme Jaffré. La flatterie n'est pas son genre. Il a la passion pour la politique, certes, mais ses amis reconnaissent qu'il peut être borderline. Guidé par la vérité, il peut dire des choses qu'il vaudrait mieux ne pas dire.

Sa caractéristique est un refus aigu de la discipline. Être ministre signifie qu'il faut avaler des couleuvres, plus ou moins grosses. « Ministre, il démissionnerait au bout d'un mois », renchérit Jaffré. Être ministre n'est pas pour lui un regret puisque son vrai bonheur est d'être parlementaire.

28 février 2023

Giuliano da Empoli, l'homme qui met Poutine à découvert

Regardez bien ce portrait. Imaginez le même, coiffé d'une toque ornée de fourrure et de sequins, vêtu d'un pourpoint de brocart, vous vous direz *in petto* : « Tiens je l'ai déjà vu quelque part, où donc ? » Bon sang, mais c'est bien sûr, comme dirait l'inspecteur Bourrel, à Florence ! À la galerie des Offices, où les plus grands peintres de la Renaissance, Léonard de Vinci, Bronzino, Lorenzo Lotto, nous fascinent avec leurs portraits de gentilshommes. Vous l'avez remarqué, ils ont tous un air de famille. Car leurs visages sont dessinés selon une architecture similaire : le front, le nez droit et le menton s'y trouvent à parts égales, obéissant sans doute à une règle d'or de l'esthétique de l'époque.

Vu de face, ce classicisme dans les traits confère à Giuliano da Empoli un air de majesté immobile, de gravité. Le visage serait même inexpressif s'il n'était heureusement chahuté par un regard aigu, profond, amusé et narquois à la fois, et éclairé par un grand sourire Ultra Brite dont « il use avec parcimonie mais toujours au bon moment », selon son éditrice, Karina Hocine.

Giuliano da Empoli est l'auteur du best-seller de l'année, *Le Mage du Kremlin*[1]. Déjà quatre cent soixante mille exemplaires vendus, plus de trente traductions. Il vient de sortir en Allemagne. Ce sera pour septembre aux États-Unis. Un immense succès dû en partie au bouche-à-oreille. Dans les dîners en ville ou entre amis, ce livre a été au menu pendant des mois. Il fallait le lire absolument. Une consigne, presque.

Pareille gloire enivre toujours. Quiconque autre que lui se livrerait à quelque exubérance ou se rengorgerait de vanité. Pas le genre de la maison. Il ne boude pas son plaisir non plus. Mais sobre toujours. L'académicien Jean-Marie Rouart, qui a beaucoup œuvré pour que lui soit décerné le grand prix du roman de l'Académie française (ce qui a écarté l'auteur du Goncourt), avoue avoir eu un vrai coup de foudre, celui de l'amitié. « C'est un homme d'une grande modestie qui a le sens de la relativité des choses. Il connaît parfaitement les mécanismes et les ressorts du pouvoir pour les avoir étudiés. Mais il s'intéresse d'abord aux hommes et aux êtres. Il n'a pas le défaut idéologique du Français. D'instinct, il sait que l'écrivain, le romancier, est supérieur au politologue car il peut hisser l'humain au-dessus de lui-même. C'est ainsi qu'il donne une magie à l'histoire. »

Le Mage du Kremlin, achevé au début de l'année 2021 (écrit simultanément en français et en italien), n'a été fabriqué, pour raison de Covid, qu'en fin d'année

1. Gallimard, 2022.

pour sortir en avril 2022. L'invasion russe en Ukraine a commencé le 24 février. C'est un roman. Il parle de la Russie, de Poutine, des oligarques Berezovski et Khodorkovski, d'Igor Setchine, d'Evgueni Prigojine. Bref, de tous ces noms qui ont envahi nos têtes et nous hantent parfois la nuit. Seul celui de son héros, inspiré d'un personnage réel, Vladislav Sourkov, porte le nom fictif de Vadim Baranov.

Outre la densité de l'écriture qui nous enveloppe, on ne lit pas l'ouvrage comme un roman mais comme une enquête. On y croit d'autant plus que l'auteur revisite les épisodes connus de l'ascension du « tsar » : les vrais-faux attentats de Moscou programmés, bon prétexte pour aller détruire la Tchétchénie ; l'accident du sous-marin Koursk avec cent dix-huit hommes à bord (pour lesquels le tsar avait manifesté bien peu d'empathie) ; l'intimidation d'Angela Merkel avec son labrador ; Barack Obama qui traite la Russie, le plus grand pays du monde, de « pouvoir régional », une humiliation ; l'explosion de l'empire soviétique jamais admise avec la perte de l'Ukraine et l'accès à la mer Noire…

Le talent du romancier est de deviner le réel. Hélène Carrère d'Encausse avait commenté : « Sans connaître la Russie, c'est lui qui l'explique le mieux. »

Lui-même le concède : « Aucun des faits survenus cette année ne vient invalider le réel, bien au contraire. Je n'avais pas du tout prévu la guerre. J'ai été surpris comme tout le monde. Mon idée de départ était : "Que se passe-t-il quand un homme de pouvoir n'a plus de barrières, veut survivre à tout et finit par tuer tout le monde autour de lui ?" »

Il a fait de Vladimir Poutine son modèle. Celui du petit homme gris du KGB, à « l'absence de charisme glaçant », qui se hisse au faîte du pouvoir par la volonté conjuguée de Boris Eltsine, détruit par l'alcool (qui deale avec lui l'impunité jusqu'à la fin de sa vie pour ses faits de corruption – une promesse tenue), et celle des oligarques, ces nouveaux milliardaires russes, qui ont cru qu'il serait une marionnette entre leurs mains. Erreur fatale. Poutine se révèle être le descendant d'Ivan le Terrible et de Staline. Comme eux, il élimine les gêneurs, journalistes et oligarques corrompus de l'ère Eltsine, remplacés par ceux redevables au nouveau maître du Kremlin. Après vingt-trois ans de pouvoir, il n'a plus de frein. Il a mis tout le monde au pas. Ses proches ne peuvent se détacher de lui.

J'interroge Giuliano da Empoli. Comment explique-t-il les déclarations stupéfiantes de Medvedev, l'ex-Premier ministre libéral tombé dans la surenchère, ou celles de Lavrov, le chef de la diplomatie, qui suscitent tant de consternation chez ceux qui l'ont connu et pratiqué à New York ?

Sa réponse : « En réalité, tous les deux ne parlent qu'à Poutine. Medvedev lui signifie : "Tu vois, je ne complote pas contre toi." Et Lavrov : "Tu vois, je détruis ma réputation pour montrer au monde entier que je suis avec toi." Tous les deux donnent des gages au tsar parce qu'ils ont peur de lui. Je pense que Prigojine doit être très mal en ce moment. »

Et pour les Russes, Poutine est un mystère, mais il a restauré une verticalité familière. « Gorbatchev était populaire en Occident. Sa femme Raïssa faisait du shopping, était coquette, ne pesait pas quatre-vingts kilos.

Cela plaisait chez nous mais pas du tout en Russie, où elle était détestée. On lui prêtait trop d'influence sur son mari. En Russie, le tsar doit être seul. Staline était seul. »

Le protagoniste du roman fut dans la réalité le spin doctor de Poutine. C'est lui qui a construit tout le système de déstabilisation dans le Donbass, grâce à des manipulations plus efficaces, croyait-il, que la violence. En 2014, c'est lui, Baranov-Sourkov, qui a dépêché des petits hommes verts prorusses débarqués de nulle part, des motards « loups de la nuit », pour créer de toutes pièces des tensions entre Ukrainiens et russophones du Donbass. On a monté les gens les uns contre les autres. La guerre civile a commencé.

Dans le livre, Baranov s'écarte de lui-même de Poutine ; dans la réalité, Poutine s'est séparé de Sourkov avant l'invasion. Le 16 février dernier, dans une très courte interview sur une chaîne russe de Telegram, on l'interrogeait : « Lorsque vous avez travaillé sur les accords de Minsk, êtes-vous parti du fait qu'ils doivent être mis en œuvre ? » Sa réponse, laconique : « Non. » Rien d'autre. Mais il prenait ainsi le contre-pied du Kremlin, qui explique depuis des mois avoir été contraint de relancer la guerre en Ukraine par la non-mise en œuvre de Minsk par Kiev.

« Je pense que Sourkov est beaucoup plus brutal et cynique que le portrait dressé dans le livre, parce qu'il est habitué à un certain niveau de violence. Il est tombé en disgrâce plusieurs fois. Il était vice-Premier ministre de Medvedev. Mais Poutine, revenu, l'avait viré. J'ai passé un long moment avant d'entrer dans la peau du personnage. Je voudrais en sortir mais, avec le succès du livre, il s'incruste, ce qui est lourd aussi. J'en ai fait un aristocrate descendant d'une grande famille, à l'instar de Narychkine. En réalité, sa mère était russe et son père, tchétchène. »

D'où lui vient ce goût de la politique ? Il y est né. C'est son biotope. Sa singularité ? Giuliano da Empoli possède un triple passeport : français, italien et suisse. Sa mère est suisse-allemande et son père, Antonio da Empoli, économiste à l'OCDE et à la Commission européenne. En 1985, directeur des affaires économiques de Bettino Craxi, Premier ministre socialiste, il est blessé dans un attentat, à la main et à la jambe, c'était au temps des Brigades rouges. « Mon père a été sauvé par son garde du corps qui a abattu la terroriste. Il serait mort sans sa protection. J'avais douze ans. J'avais peur en Italie. On a arrêté des terroristes qui faisaient des repérages autour de notre maison pour se venger. »

Giuliano da Empoli est né à Neuilly en 1973. « J'ai eu une enfance protégée à Paris et à Bruxelles. Pendant les vacances, nous allions en Suisse dans la maison de ma mère, dans l'Oberland bernois. Je me rappelle : on arrivait à la frontière toujours accompagnés de policiers qui nous lâchaient dès qu'on était en Suisse. Là, nous étions en sécurité. Encore aujourd'hui, c'est là que je me sens le mieux. Il y a toujours beaucoup de touristes. C'est l'anonymat. On me prend toujours pour un Libanais ! » s'amuse-t-il.

Son parcours personnel ? « J'ai fait deux choses. À vingt-deux ans, j'ai écrit un pamphlet, intitulé *Un grand futur derrière nous*, à l'époque de la victoire de Berlusconi. Les jeunes avaient beaucoup voté pour lui, j'ai essayé d'expliquer pourquoi. Ça a très bien marché. Hélas, mon père est mort dans un accident de voiture, il était au volant, une semaine avant la fin du livre. » Une lueur de tristesse passe dans son regard.

Ensuite, Giuliano da Empoli a fait de la politique. Pêle-mêle : conseiller du ministre de la Culture entre 2006 et 2008 dans le gouvernement Prodi. Puis adjoint à la culture du maire de Florence, conseiller de Matteo Renzi, le président du Conseil, une expérience qu'il relatera dans un livre, *Le Florentin*[1].

Conseiller de la Biennale de Venise, il a également créé un *think tank*, monté une petite structure pour conseiller des chefs d'entreprise. Un homme très occupé, donc. « J'aime beaucoup discuter, j'apprécie moins de parler à une tribune », dit-il.

En 2019, Giuliano da Empoli a publié un livre aux éditions JC Lattès : *Les Ingénieurs du chaos*. Il a étudié le populisme qui, partout où il passe, renverse toutes les règles établies et les transforme en leur contraire. Les défauts de leurs leaders se métamorphosent en qualités aux yeux de leurs électeurs. Leur inexpérience est la preuve qu'ils n'appartiennent pas aux cercles corrompus des élites et leur incompétence est un gage d'authenticité.

Derrière ce carnaval se cache le travail acharné de dizaines de spin doctors et d'experts en big data sans lesquels les leaders politiques ne seraient jamais parvenus au pouvoir. Ainsi ce professionnel du marketing italien, Gianroberto Casaleggio, qui comprend à l'orée des années 2000 qu'Internet va révolutionner la

1. Grasset, 2016.

politique. Il embauche le comique Beppe Grillo, qui devient le premier avatar en chair et os d'un parti algorithme, le Mouvement 5 étoiles, fondé sur la satisfaction des demandes des électeurs, indépendamment de toute base idéologique.

Ainsi l'histoire de Dominic Cummings, éminence grise de Boris Johnson dans la campagne pour le Brexit, qui a pu cibler, avec une équipe de scientifiques, des milliers d'électeurs indécis pour les faire basculer en leur adressant les messages qu'il fallait. C'est de cette façon que Johnson s'est installé au 10 Downing Street. Ainsi l'histoire de Steve Bannon, l'homme-orchestre du populisme américain qui, après avoir conduit Donald Trump à la victoire, rêve de fonder l'Internationale populiste pour combattre ce qu'il appelle le « parti de Davos ». Des hommes dangereux. Un livre passionnant avec d'autres exemples. L'auteur avait envisagé d'y glisser le cas de Vladislav Sourkov. Il a préféré en faire un roman. Il a fait le bon choix.

Je l'interroge sur l'Italie : « Comment un pays peut-il passer de Silvio Berlusconi à Romano Prodi, de Monti à Beppe Grillo, de Draghi à Meloni ? » Il répond : « L'Italie, c'est le malade dans un lit qui cherche la position qui lui fera le moins mal. D'où ces profils très différents qui correspondent à un ras-le-bol populaire parce que l'État ne fonctionne plus depuis trente ans. La justice a tué la classe politique. Il y avait une corruption objective, mais les médias en ont rajouté. C'est une trajectoire du déclin. Giorgia Meloni a 35 % d'opinions positives, il y a deux ans elle était à 3 %. »

On le sent très désabusé. Mais il a son sas de récupération, son oasis : sa famille. Sa femme, franco-américaine, qui écrit des livrets pour l'opéra ; une fille de douze ans, Alma. Père amoureux, c'est à elle qu'il a dédié son best-seller. Et c'est avec elles deux qu'il s'apprêtait à rejoindre la Suisse à la fin de notre interview. Pour faire du ski.

10 mars 2023

Xavier Driencourt, le parler vrai d'un ambassadeur

Soixante ans après l'indépendance, la réconciliation franco-algérienne s'apparente au mythe de Sisyphe : la quête vaine d'une espérance. Emmanuel Macron, lui, veut toujours y croire.

Candidat en 2017, il avait fait bonne impression à Alger en taxant la colonisation de « crime contre l'humanité ». Se coupant *illico* de la communauté pied-noir. Une fois à l'Élysée, il multipliait des gestes mémoriels et de repentance. Le rapport Stora, l'ouverture anticipée des archives de la guerre d'Algérie. Sans doute lassé qu'Alger réponde à sa bonne volonté par des critiques ou des insultes, en octobre 2021, il tançait dans *Le Monde* « le système politico-militaire algérien fatigué qui entretient une rente mémorielle avec une histoire officielle construite sur la haine de la France ». Bien vu !

En représailles, Alger interdisait le survol de son territoire aux militaires français de l'opération Barkhane. L'anglais devenait la deuxième langue du pays. *Exit* le français. Une humiliation, presque une fessée !

Quelques jours après sa réélection, surprise ! Emmanuel Macron recevait de chaleureuses félicitations de son homologue Tebboune, assorties d'une invitation. Il aurait dû se méfier. Toujours plein d'espoir, il s'envolait pour Alger fin août (se brouillant ainsi définitivement avec le roi du Maroc). Un séjour de trois jours à l'issue duquel les deux hommes – qui se tutoient – mimaient au pied de l'avion une quasi-lune de miel. Caresses dans le dos, embrassades. En haut de la passerelle, Emmanuel Macron, la main posée sur le cœur, se retournait vers son hôte qui lui rendait la pareille. Ils nous jouaient *Mariés au premier regard*. Le communiqué final promettait des lendemains ensoleillés : des projets en commun par dizaines et une « mobilité positive » – le mot « visa » n'était pas écrit mais c'était transparent – qui serait « respectueuse des lois et des contraintes du pays d'accueil ». Côté français, on voulait comprendre que les délinquants algériens pourraient être renvoyés chez eux, enfin ! Bernique !

En octobre, Élisabeth Borne, flanquée de quinze ministres, se rendait à Alger. Pour signer les premiers contrats ? Mais point de conférence de presse commune pour conclure cette visite si plurielle.

En décembre, Gérald Darmanin venait, en revanche, y confirmer que le niveau annuel de délivrance des visas reviendrait à celui de 2019 (deux cent cinquante mille), mais il repartait sans avoir obtenu en retour d'assurances précises sur les laissez-passer consulaires. Le pouvoir algérien avait obtenu ce qu'il voulait. Bien joué.

Le 30 décembre, dans une interview au *Figaro*, le président Tebboune se réjouissait des nouvelles relations franco-algériennes, protestait de son amitié et de sa complicité avec le président. Peut-être était-il sincère ? Qu'importe, puisque les militaires qui gouvernent veillent au grain. En préambule, il se félicitait de l'essentiel : le rétablissement des visas aux ressortissants algériens. Sa visite d'État à Paris était programmée pour le mois de mai.

Las, six semaines plus tard, rien n'allait plus. Alger a rappelé son ambassadeur qui, à ce jour, n'est pas encore revenu à Paris mais ce serait pour bientôt. Les autorités algériennes s'offusquant de l'exfiltration illégale, *via* la Tunisie, de la militante franco-algérienne Amira Bouraoui (médecin de quarante-six ans condamnée à deux ans de prison ferme pour offense à l'islam) grâce, selon elles, à la complicité des services secrets français, une « barbouzerie ». Suite et fin de la romance ? « Notre relation est fluctuante », vient de dire le président algérien sur la chaîne Al Jazeera. Rien ne change, donc.

Il faut lire le livre de Xavier Driencourt *L'Énigme algérienne*[1] pour se persuader que la réconciliation franco-algérienne est un projet chimérique.

Sa lucidité, il la tient de son expérience unique : avoir été nommé deux fois ambassadeur de France en Algérie. Entre 2008 et 2012 (présidence Sarkozy), de 2017 à juillet 2020 (présidence Macron). « J'y ai passé un septennat », dit-il.

On rencontre un homme d'une grande affabilité, au regard rieur, qui assène de cette voix à la fois très douce et pincée seyant aux diplomates des vérités cruelles, parce que sans fard, sur le pouvoir algérien. Mais il prévient : « Je m'exprime à titre personnel », pour ajouter :

---

1. Éditions de l'Observatoire, 2022.

« J'ai aimé l'Algérie. J'aime les Algériens ; j'ai gardé beaucoup d'amis fidèles. J'admire leur courage, leur gentillesse. Petit bémol sur leur ténacité, leur façon de faire plier leurs interlocuteurs. "Nous vous connaissons bien mieux que vous ne nous connaissez", m'a dit un ministre algérien. Ils sont capables de nous mener où ils veulent. La relation avec eux est une épreuve permanente. »

Qu'a-t-il retenu de ces sept années ?

« Que la France n'est qu'un partenaire banal, plutôt plus maltraité que les autres. Avec des alternances de fâcheries longues et de retours de flammes qui ne durent pas. »

Qu'il n'y a qu'une chose qui intéresse les Algériens, « une véritable obsession chez tous mes interlocuteurs », dit-il : les visas. Leur grand souci. Privilège pour les uns, source de frustration pour les autres. Régulateur des maux de la société. « Quarante-cinq millions d'Algériens n'ont qu'un rêve : partir en France, où chaque Algérien a de la famille. »

En 2018, afin d'appliquer les critères de Schengen, la France a réduit le nombre de visas. On est passé de quatre cent vingt mille à deux cent cinquante mille ! L'ambassadeur avoue avoir commis une imprudence. Pour l'expliquer lors d'une conférence de presse, il avait lâché qu'il y avait des abus. « Des hauts fonctionnaires algériens ou même des politiques qui font venir leurs familles en France sur la base d'un seul visa de tourisme ou laissent des ardoises dans nos hôpitaux. » Qu'avait-il dit ? Le lendemain, il était convoqué au ministère des Affaires étrangères algérien, un communiqué vengeur était publié sur-le-champ : « L'ambassadeur a étalé publiquement devant les médias des appréciations inopportunes peu amènes et donc inacceptables. » Il ne disait pas que c'étaient des mensonges !

Dernier constat : depuis des lustres, le discours antifrançais est le levain de toutes les campagnes présidentielles. La prochaine est en 2024. La crainte et l'intuition de Xavier Driencourt : « Que le président Tebboune choisisse de venir à Paris le 8 mai prochain, histoire de rappeler le massacre de Sétif du 8 mai 1945 pour pouvoir encore accabler les Français… »

Je l'interroge : dans ses rapports avec l'Algérie, jugez-vous Emmanuel Macron trop naïf ?

« Il croit qu'il peut réussir là où François Mitterrand, Valéry Giscard d'Estaing, Jacques Chirac ont échoué pour la simple raison que lui est né bien après la fin des événements d'Algérie. Il croit aussi en son pouvoir de séduction. »

Xavier Driencourt se souvient de sa première visite en décembre 2017, de sa déambulation dans les rues, comme il aime tant faire. Il y avait foule. Des applaudissements. Les jeunes lui criaient : des visas, des visas ! Il leur répondait avec le sourire : « Mais qu'est-ce que vous avez à m'embêter avec les visas ? Un visa, ce n'est pas un projet de vie. » (Pour eux, hélas, si.) D'où son retard chez le président Abdelaziz Bouteflika, âgé de quatre-vingt-deux ans, visiblement fatigué et qui parlait bas.

Note de l'ambassadeur : « Il n'était plus le Bouteflika majestueux, tout-puissant, qui avait toute sa tête et que j'avais connu durant mon premier séjour, quand il recevait tous les politiques français : ceux de droite, de gauche. Il ne supportait pas que les Français aient tant d'amitié pour le roi du Maroc. Ça le rendait fou. »

Parenthèse personnelle : je me souviens d'une visite à Alger avec Jean-Pierre Elkabbach, où Bouteflika s'est entretenu avec nous pendant plus d'une demi-heure, en grand courroux envers Jacques Chirac en raison de ses séjours si fréquents au Maroc et de ses liens si étroits avec le roi. On sentait une jalousie terrible.

Retour à Emmanuel Macron.

L'ambassadeur raconte :

« Il s'était assis à côté de Bouteflika et répétait ses paroles pour que tout le monde en profite. Je regardais le spectacle. C'était la rencontre de deux histoires personnelles, de deux itinéraires politiques, de deux mondes aux antipodes. Le président connaissait ses dossiers, il s'exprimait sans langue de bois, sans craindre d'aborder les sujets les plus sensibles et qui fâchent, comme les difficultés de la jeunesse algérienne [quinze mois plus tard, le mouvement Hirak commençait avec des manifestations dans toutes les villes. La jeunesse disait son ras-le-bol. Elle ne voulait pas d'un cinquième mandat de Bouteflika]. »

« Il faut que votre jeunesse soit heureuse. Vous ne pouvez pas lui faire porter les haines de ses parents », disait-il.

Ou encore : l'immigration. « Ce n'est pas bon pour vous, ce n'est pas bon pour moi. Vous devez faire des gestes pour les harkis. »

Il disait aussi : « Je ne veux pas me faire piéger au Mali. »

L'ambassadeur raconte : « Tous ces gens âgés autour du président regardaient avec condescendance ce gamin venu leur faire la leçon. Macron était plein d'enthousiasme, il croyait les convaincre. Il leur a même proposé de faire partir le Tour de France d'Algérie [Xavier Driencourt avoue que c'était son idée]. Cela leur aurait fait une bonne publicité. Les autorités avaient semblé acquiescer au projet et, comme toujours, elles n'ont pas donné suite. »

Il poursuit : « Le système politique algérien est imperméable à la séduction. Il ne connaît que le rapport de force. Tous ces gens de la *nomenklatura* ont été formés dans les pays de l'Est et les militaires en Russie. Le pouvoir algérien soutient Poutine. Lavrov est venu récemment à Alger pour entretenir la flamme. Le président Tebboune se rendra en visite officielle à Moscou au printemps. Mais quand il s'agit de notre pays, rien ne change. Le discours antifrançais demeure la matrice du système. Notre aveuglement est une erreur historique. »

Le pays va mal : 70 % de la population a moins de trente ans, ses dirigeants sont septuagénaires, voire au-delà, la presse est muselée.

Xavier Driencourt est un énarque qui a choisi le Quai en sortant de l'ENA. Promotion Michel-de-L'Hospital. Avant la promotion Voltaire de François Hollande et Dominique de Villepin. Ses amis s'appellent Patrick Stefanini, Jean-Louis Bourlanges ou Charles de Courson.

Au fait, que pense-t-il de la suppression de l'ENA ? Sa réponse : « Une catastrophe. La suppression du corps diplomatique part de l'idée que tout le monde peut tout faire. C'est comme si en médecine il y avait un corps médical unique où l'on oublierait les spécialités. La diplomatie exige d'être au contraire très spécialisé.

On ne peut pas être bon partout. Les pays sont différents. On peut réussir ici et échouer ailleurs. »

Xavier Driencourt a épousé une nièce de Michel Debré. Le gaullisme est sa famille.

« Je suis parti en Australie pendant trois ans, j'étais le plus jeune consul général. »

De 1993 à 1995, durant la cohabitation Mitterrand-Balladur, il était au cabinet d'Alain Juppé au Quai d'Orsay. Une période qu'il a adorée. « Alain Juppé était à son meilleur, dit-il. Il a réformé la maison. »

Xavier Driencourt se souvient du 24 décembre 1994.

« J'étais de permanence au moment de l'affaire de l'Airbus d'Air France à Alger où des terroristes voulaient faire sauter l'avion. Balladur était à Chamonix. Quand on le lui a appris, il sortait de la messe. Pendant soixante-douze heures, nous sommes restés sans dormir au Quai d'Orsay, avec le ministre. Balladur et Pasqua sont rentrés à Paris. L'avion s'est posé à Marseille. On connaît la suite. L'affaire s'est bien terminée. Un moment inoubliable. »

En 1995, élection de Jacques Chirac. La moitié du cabinet d'Alain Juppé est partie à l'Élysée, ainsi Dominique de Villepin, Bernard Eymié. L'autre à Matignon : Maurice Gourdault-Montagne, Bruno Racine et lui-même.

En 1997, dissolution. « J'ai été nommé ambassadeur en Malaisie. » Retour au Quai. « J'ai occupé les postes de directeur du budget, des ressources humaines, chef de l'inspection générale. J'ai fait le tour du monde pour inspecter les ambassadeurs, leur gestion, leur manière de diriger les équipes. On partait à sept ou huit pour remplir la mission. Et finalement, dans mes souvenirs, huit ambassadeurs ont été dégagés. Un poste où l'on ne se fait pas que des amis, mais j'ai beaucoup aimé ce travail. »

Aujourd'hui, Xavier Driencourt est à la retraite mais il ne chôme pas. Son livre sur l'Algérie est devenu une référence. Il est très sollicité pour des conférences dans les universités, associations, mairies… Son ouvrage a même été édité en Algérie. Il n'en revient pas. Les retours sont positifs. Les Algériens sont étonnés d'apprendre autant de choses d'un ancien ambassadeur. Il révèle que Jordan Bardella a souhaité l'entendre pour s'informer sur l'Algérie. Marine Le Pen a cité l'ouvrage. Il a donné une interview sur ce livre à Jérôme Sainte-Marie, qui forme les cadres au Rassemblement national. Sa collaboration s'arrête là. Manuel Valls, Hubert Védrine, Jean-François Copé eux aussi l'ont contacté, parce qu'ils savent que l'Algérie, c'est autant de la politique française que de la politique étrangère. Un livre qu'il faut donc lire absolument.

29 mars 2023

Pierre Brochand : « Nous sommes ligotés par notre État de droit »

Ô temps suspends ton vol !… Jusqu'au 14 avril, le Conseil constitutionnel est devenu le maître des horloges. Dans les ministères, on retient son souffle. Combien de textes seront inscrits avant l'été ? Mystère. L'agenda législatif est dans le brouillard. Une seule chose est sûre – promesse de Mme Borne –, il n'y aura pas d'utilisation du 49.3 avant l'automne.

Le Sénat aurait dû examiner en séance publique (à partir du 28 avril) le projet de loi Darmanin-Dussopt sur l'immigration.

Deux articles sur vingt-sept n'ont pas trouvé l'adhésion des LR. Article 3 : la régularisation des travailleurs sans papiers dans les métiers dits « en tension ». Leur président, Bruno Retailleau, l'a récusé : « Ce serait offrir à ceux qui entrent frauduleusement un droit opposable. Inadmissible ! » Mais le ministre peut toujours adresser une circulaire aux préfets pour qu'ils accordent « des admissions de séjour exceptionnelles » aux sans-papiers qui ont un emploi.

Autre point de friction, article 4. Le migrant éligible au droit d'asile (un Afghan) obtiendrait un permis de travail dès son arrivée. Même veto. « Un trop grand appel d'air. Toute personne admise à travailler fait venir sa famille dans la foulée. »

Côté Assemblée nationale, selon les pointages, le texte ne passerait pas. Sacha Houlié, le président de la commission des lois, ayant fait savoir en haut lieu que sans 49.3 ce serait mission impossible. Il envisageait d'être le rapporteur du projet. Il y a renoncé.

Pour contourner ces difficultés, Emmanuel Macron, dans son interview du 22 mars, suggérait de « réagencer les choses ». En clair : faire voter la loi par tranches. Refus outré du sénateur François-Noël Buffet, président de la commission des lois du Sénat. Pour lui, pas question de saucissonnage. « Une loi sur l'immigration est une vue d'ensemble qui doit être lisible et cohérente. » Et d'ajouter : « Avec cette majorité relative, on se demande aujourd'hui quel projet peut aboutir. » Cette invite présidentielle à fragmenter le projet de loi est mal tombée. Elle précédait de quelques jours la publication dans *Le Figaro* d'une enquête de l'Insee qui révèle que la population française compte 10,3 % d'immigrés (le comptage arrêté en 2021 laisse deviner que cette proportion est déjà supérieure). Sur trois générations, l'immigration représente plus de dix-neuf millions de personnes. La moitié de cette population réside dans treize départements avec une forte concentration à Paris et dans les métropoles. Parmi les immigrés, les Africains sont de plus en plus nombreux, 41 % contre 31 % dix ans plus tôt.

En novembre 2022, un sondage Ipsos établissait que 70 % des personnes interrogées considéraient que la France compte déjà beaucoup d'étrangers et que l'accueil d'immigrés supplémentaires n'est pas souhaitable, un chiffre en hausse de six points par rapport à 2018.

La loi Darmanin-Dussopt aurait-elle pu les tranquilliser ? « Sûrement pas, car rien n'était annoncé pour endiguer les migrations, mais le texte qui est sorti de notre commission des lois marquait une inflexion vers une immigration choisie », assure François-Noël Buffet.

Si elle était adoptée, elle serait la 22e loi en trente ans, preuve que cet énorme chantier risque de demeurer en travaux pour longtemps.

Le 15 novembre, Pierre Brochand était invité par l'Amicale gaulliste du Sénat pour plancher sur le sujet. Son exposé avait fait grand bruit et vite franchi les murs de ce cénacle de pléiades. « Voilà quelqu'un qui enfin osait dire les choses. » François-Noël Buffet, président de la commission des lois et grand spécialiste de la question, qui assistait à la réunion : « Je l'avais trouvé très dur, sans concession avec un constat de caractère trop général même s'il y avait beaucoup de choses exactes. » La presse le sollicitait. « J'ai reçu vingt-deux demandes d'interview, je les ai refusées », dit-il. Réflexe d'un homme des services secrets. Pour le *JDD*, il a bien voulu changer d'avis.

On rencontre un homme qui ne la ramène pas du tout. Il arrivait de Cannes, où il vit avec sa famille ; son frère Bernard fut longtemps le maire de la ville. Il dit beaucoup apprécier David Lisnard, son successeur.

Et voilà comment il lance la discussion : « Vous savez, aujourd'hui, la sentence de mort c'est l'accusation de racisme. Le chantage au racisme est tellement commode. Après, on ne peut plus rien dire. »

Il l'avoue tout de go : « Je ne suis pas un expert de l'immigration. Je ne suis pas anthropologue, pas ethnologue, pas islamologue, ni juriste. »

Alors, pourquoi s'intéresse-t-il tant au sujet ? Cet ex-ambassadeur de France, ex-patron de la DGSE (nommé par Jacques Chirac en 2002), explique : « En raison de mon expérience acquise à l'étranger. » La connaissance de l'autre l'a passionné.

« J'ai fait mon service militaire au Cameroun. À la sortie de l'ENA [il est également diplômé de HEC], je suis parti au Sud-Viêtnam pour l'application des accords de Paris. J'étais conseiller d'ambassade à Saïgon au moment de la chute de la ville et témoin des conséquences terribles du retrait américain. Ensuite, je suis allé à Bangkok alors que le Cambodge tombait aux mains des Khmers rouges. J'y ai mesuré le degré de violence totalitaire, la plus grande horreur depuis la Seconde Guerre mondiale. Ils copiaient la révolution culturelle chinoise en pire. J'ai été consul général à San Francisco, où j'ai vu naître la Silicon Valley. Je suis revenu au Quai d'Orsay, à Paris, au moment où les Soviétiques occupaient l'Afghanistan. Puis j'ai été pendant quatre ans le représentant permanent adjoint de la France à l'ONU. Le meilleur endroit pour se rendre compte combien l'Occident est minoritaire et combien les autres nous regardent avec autant d'envie que de ressentiment. »

Il poursuit…

Tout juste après la chute du Mur, il est nommé ambassadeur en Hongrie. Il a connu Viktor Orbán jeune. « Il était le grand libéral, il a beaucoup évolué depuis. »

Toujours au cœur des remous de la vie internationale, il devient ambassadeur en Israël entre 1993 et 1995. « Un poste assez peu recherché au Quai d'Orsay, c'était au moment des accords d'Oslo. Je rencontrais souvent Yitzhak Rabin. » Ce dernier a été assassiné par un Juif extrémiste religieux opposé aux accords.

Je l'interroge :

« Quelles leçons tirez-vous de ce parcours si varié ?

— Que la xénophobie est le sentiment le plus répandu au monde. Que le premier réflexe, c'est d'être méfiant, voire hostile, à l'égard de l'étranger, que les sociétés multireligieuses ethniques et culturelles sont toutes vouées à se déchirer. C'est un monde dur, où personne ne fait de cadeau à personne. J'ai pensé que ces leçons de l'extérieur seraient pertinentes pour nous. Avec l'immigration, le dehors est devenue notre dedans.

— Qu'entendez-vous par là ?

— La nation est un cercle de confiance que l'immigration sape. La clé de voûte de la confiance sociale est l'État providence, lequel est incompatible avec une libre circulation des personnes. »

Ce qu'ont réalisé les sociaux-démocrates danois avec l'assentiment de leur population. Une expérience qu'une grande partie de l'Europe observe aujourd'hui avec curiosité et intérêt.

« Cela m'a convaincu que si nous ne prenons pas en main nos intérêts vitaux, personne ne le fera à notre place. C'est pour cette raison que j'ai accepté de parler devant les sénateurs.

— Vos propos bruts de décoffrage ont troublé et même secoué les sénateurs. Que leur avez-vous dit ?

— Je leur ai bien précisé que mon sujet n'était pas l'immigration en général et surtout qu'il fallait arrêter de dire que la France est depuis toujours un pays d'immigration. C'est faux. Cela a commencé en 1850. Il y a eu trois vagues. La première a duré un siècle avec la venue de migrants d'origine euro-chrétienne, discrète, laborieuse, reconnaissante, régulée par l'économie et qui cherchaient à s'assimiler. Le modèle indépassable de fusion réussie.

« La deuxième a commencé dans les années 1970 et n'a fait que s'amplifier. C'est un peuplement qui n'est calibré ni par l'emploi ni par le politique. Juste par des droits individuels soumis au seul juge national ou supranational. Un flux en roue libre qui nous submerge. L'écart culturel qui nous sépare des arrivants n'a aucun équivalent dans notre histoire. Tous viennent du tiers-monde, de sociétés défaillantes où règnent l'incivisme, la violence et la corruption. La majorité est de religion musulmane. Cela ressuscite une discorde religieuse dont on pensait être débarrassés depuis 1905.

« La troisième vague a été déclenchée par les "printemps arabes". Il y a aujourd'hui en France vingt-cinq fois plus de musulmans que dans les années 1960. L'islam est une civilisation totale, fière, guerrière, offensive, militante qui a très mal vécu d'être humiliée par l'Occident depuis deux siècles. La globalisation lui a offert une opportunité, le volcan s'est réveillé.

— À quel signe voyez-vous son éruption ?

— Cela s'appelle le jihadisme, le salafisme, l'islamisme, la réislamisation culturelle. Vous voyez bien que si l'antagonisme colonial ne s'est pas estompé soixante ans après, c'est que nous avons été assez stupides pour imaginer qu'en reconstituant sous le même toit métropolitain le face-à-face de gens qui venaient de divorcer on parviendrait à les rabibocher. Erreur fatale. Certaines mémoires ne sont pas conciliables. D'où ce fait vu nulle part ailleurs : nous avons une immigration à tendance victimaire, revendicative, portée autant au ressentiment qu'à l'ingratitude et qui se présente en créancière d'un passé qui ne passe pas.

« Souvenez-vous de ce coup de tonnerre fondateur : le match de foot France-Algérie en 2001, avec l'émergence surréaliste de Français antifrançais qui sifflaient *La Marseillaise*. Pour moi, un choc.

— Où allons-nous ? Tout ce que vous dites est assez effrayant. Mais que faire ?

— Mitterrand parlait de "seuil de tolérance" ; Macron, lui, a introduit le mot "diaspora". Pour moi, le grand préalable est de reprendre le contrôle de nos instruments juridiques. Nous sommes ligotés par ce que l'on appelle à tort l'État de droit et ses principes généraux, qui ne sont au service que des droits individuels mis en œuvre par nos cinq cours suprêmes : la Cour de Luxembourg, la Cour de Strasbourg, le Conseil constitutionnel, le Conseil d'État, et la Cour de cassation, qui condamnent, de fait, la puissance publique à l'impuissance.

« Il faut revenir à une législation nationale du droit d'asile. De Gaulle et Pompidou n'avaient pas ratifié la Convention européenne des droits de l'homme, Giscard l'a fait. C'est lui qui a voulu le regroupement familial en 1976. C'est Chirac qui a signé le décret. Apanage du Premier ministre.

« Voyant le chômage augmenter, Raymond Barre l'a suspendu, mais l'association Gisti a saisi le Conseil d'État, qui a annulé son décret au motif qu'un homme a le droit de mener une vie familiale normale. Ce qui allait ouvrir les vannes d'une immigration de peuplement. L'immigration non pilotée est désormais soumise aux juges.

« Pour moi, c'est l'État qui doit fixer les clôtures, dire qui peut entrer. Le juge l'en empêche. Et en conséquence, il est réduit au rôle d'agence de distribution de droits et de prestations. La France est le pays le plus généreux en Europe. La dette devient la variable d'ajustement. Vous l'avez remarqué : en matière d'immigration le principe de précaution n'existe pas. »

Il ne nous reste plus qu'à conclure, mais on est un peu assommée et désemparée par son constat.

« Les politiques sont mal vus parce qu'ils ont construit eux-mêmes, faute de courage, leur propre illégitimité. Ils font campagne avec des promesses comme si l'État était toujours puissant. Une fois qu'ils sont élus, les Français s'aperçoivent que les résultats ne sont pas à la hauteur de leurs promesses. C'est ce décalage qui est à la source de leur impopularité et de la colère des Français. »

Évidemment, à l'écouter, on l'imagine proche du Rassemblement national ou de Reconquête.

« Je ne veux pas que l'on me classe politiquement. Je n'ai jamais appartenu à un parti, je n'ai jamais été rattaché à une personne. J'ai toujours refusé de faire partie d'un cabinet. Lorsque j'ai quitté la DGSE, j'ai décliné les propositions du privé. À mon époque, on était formaté pour servir l'État, c'était mon ambition. L'ENA, c'était prestigieux ; j'ai choisi le Quai d'Orsay, qui, hélas, n'est plus ce qu'il fut. »

Le credo d'un homme libre.

10 avril 2023

Jean-Pierre Raffarin, homme d'apaisement

Tout de même, oser promettre : « Nous avons devant nous cent jours d'apaisement, d'unité, d'action, d'ambition pour la France » en conclusion d'une allocution post-promulgation de la loi sur la retraite à soixante-quatre ans ! Qui a pu conseiller ce final au président ?

Comme si le retour au calme, l'unité se décrétaient d'un trait de plume alors que le pays est saisi de fièvres et de rage.

Quant à l'action. L'absence de majorité absolue cloue au sol tout projet faute de compromis – à bâtir, bon courage ! –, auquel s'ajoute l'impossible recours au 49.3. Pour l'heure, l'agenda parlementaire est vide. Et qui lui a soufflé cette romance des cent jours ? Peut-être une idée de son cru ; cette faculté de nier l'impossible n'est-elle pas une singularité de son caractère ?

Histoire de tourner la page du feuilleton retraite, Emmanuel Macron est reparti à l'attaque en Alsace. « La colère ne m'empêche pas de continuer », lâche-t-il sous les huées, les « Macron démission », le tintamarre des casseroles et les invectives irrespectueuses : « Vous avez un gouvernement de corrompus. Vous allez bientôt tomber. » Jeudi, pour la visite dans l'Hérault du chef de l'État, six cents CRS étaient dépêchés afin d'éviter cette réédition d'images dévalorisantes. Les casseroles étaient même confisquées.

Emmanuel Macron a-t-il raison d'aller braver l'opinion sur le terrain ?

En réalité, le président goûte fort ce dialogue avec les gens « à portée de baffes » où il parle, parle comme l'eau coule du robinet. Serrer des mains, sourire, séduire. « Vous allez bien ? » : sa question fétiche. On songe au poème en prose de Baudelaire : « Il n'est pas donné à chacun de prendre un bain de multitude. [...] Celui-là qui épouse facilement la foule connaît des jouissances fiévreuses. » On le dirait écrit pour lui.

Vous avez dit apaisement ? C'est justement ce mot que Jean-Pierre Raffarin a adopté comme règle de conduite. « Moi, ma vie, c'est l'apaisement », lance-t-il en guise d'accueil. Mieux, c'est un choix très haut de gamme.

Il y a six ans, il a créé avec Antony Blinken, le secrétaire d'État américain, une ONG qu'il préside, Leaders pour la paix, avec dix anciens Premiers ministres dont deux Italiens, un Espagnol, un Burkinabé, un Canadien, ainsi que Ban Ki-moon, ex-secrétaire général des Nations unies. Un *board* de quarante personnalités venues de tous horizons. « Nous sommes comme une maquette indépendante du Conseil de sécurité, se flatte-t-il. Il y a des écoles de guerre, il n'y avait pas d'école pour la paix. Notre mission est d'aller en faire la pédagogie.

Nous avons donné des cours de diplomatie en Égypte, au Liban, au Viêtnam… »

On rencontre Jean-Pierre Raffarin dans un bureau encombré de livres, au premier étage d'un petit hôtel particulier près de la tour Eiffel. Le siège de la fondation Prospective et Innovation, créée en 1989 par René Monory, ancien président du Sénat, et François Dalle, ex-patron de L'Oréal. Son but : faciliter les contacts entre de jeunes professionnels français et leurs homologues de pays émergents. Au rez-de-chaussée, des bureaux où l'on aperçoit du monde. On y phosphore.

Costume bleu marine, chemise blanche, cravaté de bleu. Si le poil a blanchi, Jean-Pierre Raffarin demeure tel qu'en lui-même. Silhouette compacte, visage rond, éclairé par un regard malicieux et un sourire bonhomme. De profil : un boxeur malchanceux. Il émane de lui quelque chose d'épanoui. « J'ai quitté le Sénat il y a cinq ans. » Une promesse faite à sa femme, Anne-Marie : vouer 30 % de son temps à la vie de famille, leur fille, les deux petits-enfants chéris, les vacances dans la maison de Châtelaillon, près de La Rochelle.

Mais il reste un homme très occupé, ce qui lui va bien. « Je ne suis plus dans l'action politique mais dans l'analyse, c'est mon patinage artistique. » Il s'est aussi spécialisé sur les questions de leadership. Il a écrit un livre sur le sujet. On le réclame partout : « J'ai fait au moins cent conférences. » Et il voit beaucoup de monde. Fort d'une expérience qui l'autorise à dire que lui connaît le terrain. Diplômé de droit et de l'École supérieure de commerce de Paris (même promotion que Michel Barnier), il a débuté comme chef de produit chez Jacques Vabre. À aller proposer le café maison dans les grandes surfaces, il a vite obtenu la palme du meilleur vendeur. Ensuite, il rejoint Bernard Krief, grand maître de la communication politique. Il y révèle son inventivité dans l'art des slogans publicitaires, qui deviendront plus tard les « raffarinades ». Giscardien de la première heure, sénateur républicain de la Vienne, élu plus jeune président de Région (Poitou-Charentes) en 1988. En 2002, Jacques Chirac le choisit comme Premier ministre en raison de son caractère paisible, de sa bienveillance et de sa loyauté. Il l'avait jugé dans le gouvernement Juppé, où il était chargé de l'Artisanat. Sa défense des boulangers lui avait valu le surnom de « Raffarine ». Jacques Chirac avait besoin de lui pour dompter les deux grands fauves bientôt rivaux : Nicolas Sarkozy et Dominique de Villepin. « Nicolas passait toujours en force. Mais on pouvait dialoguer, passer des deals. Je ne l'ai jamais vu mentir. Avec Villepin, plus retors et chimérique, c'était difficile. Moi, je voulais que le successeur de Chirac soit Sarko. »

Jean-Pierre Raffarin se dit proche d'Édouard Philippe. Parfois Emmanuel Macron sollicite ses conseils. Un regret : « À part Alexis Kohler, je n'ai pas d'interlocuteur à l'Élysée », dit-il. Que pense-t-il du président ? « C'est un homme très équipé cérébralement, très au-dessus de la moyenne par rapport à ce que l'on trouve sur le marché : hypermnésique, travailleur, grande connaissance des dossiers. Il est un leader de sa génération, très connecté aux réseaux sociaux et dans l'air du temps. Il a un impact international. On le reconnaît dans le monde entier. Personnellement, je l'apprécie et le soutiens. » Qu'est-ce qui ne va pas ?

« Sa surexposition médiatique. Avec ce grand risque de ne plus imprimer. Jacques Chirac m'avait dit : “Moi c'est le régalien, plus trois dossiers : le cancer, la sécurité routière – les radars sur les routes, c'est lui – et le handicap. Toi, à Matignon, c'est le reste. Tu es le chef de la majorité. Tous les mardis, le cœur de la France bat à la réunion du groupe. Tu y vas et tu m'appelles après. Sache qu'un député passe de l'humeur à la colère en trois mois. Il faut le ‘traiter’.” » Retour au président Macron. « L'autre difficulté, Renaissance reste un parti adolescent. On peut être élu sans parti. Il est très difficile de gouverner sans. En 2003, pour la réforme des retraites, il y avait un référent UMP par circonscription chargé de l'expliquer aux Français. Stéphane Séjourné, le patron de Renaissance, fait ce qu'il peut. Il est aussi président d'un groupe au Parlement européen. Deux fonctions incompatibles, un président de parti doit sillonner le pays, se montrer aux fêtes locales pour pallier le manque d'implantation du président. »

Comment, sans majorité absolue, peut-il sortir de l'impasse ? « Il n'y a pas trente-six solutions. Il faut construire des majorités de projet. Des engagements signés sur un ou deux textes. Après quoi, chacun reprend ses libertés un an avant la présidentielle. Pour Emmanuel Macron, ne pas pouvoir se représenter est un handicap majeur. Le président peut avoir du courage, mais s'il n'est plus un chef de guerre qui entraîne son camp, même avec le risque d'être battu, il perd son rôle. Et, dans quatre ans, il sera encore le plus jeune de tous les candidats.

— En avez-vous parlé dans l'avion, puisque le président vous a invité dans son voyage en Chine ?

— Nous avons beaucoup parlé. J'ai senti que cette question le taraudait. Son moteur est d'être chef jusqu'au bout. »

Jean-Pierre Raffarin est sûrement l'homme politique français qui connaît le mieux la Chine. En 2019, Xi Jinping l'a décoré de la médaille de l'Amitié chinoise.

« Le président vous a-t-il consulté avant le voyage ?

— Non. »

A-t-il eu raison d'inviter la présidente de la Commission européenne à l'accompagner ?

« Dans sa relation avec la Chine, il a toujours pensé qu'il fallait marquer sa proximité avec l'Allemagne pour faire Europe. Au printemps 2019, quand Xi est venu à Paris, il avait invité Angela Merkel et Jean-Claude Juncker, alors président de la Commission européenne. En novembre, pour son premier voyage officiel à Pékin, le chancelier Olaf Scholz a refusé qu'ils y aillent ensemble. Il ne voulait pas avoir l'air, pour l'opinion allemande, d'y arriver sous la tutelle française. » Mme von der Leyen est allemande, elle ne ménage pas ses critiques contre la Chine. « Xi Jinping ne l'a pas bien traitée. Elle n'est pas arrivée avec le président, elle n'est pas repartie avec lui. Emmanuel Macron a eu cinq heures d'entretien en tête à tête avec le numéro un chinois et encore cinq heures à Canton, où celui-ci l'a reçu dans la maison de son père, un honneur. Dans l'avion, il avait ses notes. Pour Xi, Taïwan appartient à la Chine. C'est culturel. Mais il ne veut pas – pour l'instant – de guerre mondiale. Il juge que les Américains accélèrent le calendrier en faisant de la provocation – visite de l'ex-présidente de la Chambre des représentants Nancy Pelosi en avril 2022, et, le 5 avril, la présidente de Taïwan a été reçue en Californie par le président républicain de la Chambre des représentants. » Au moment où Emmanuel Macron regagnait la France, la Chine encerclait Taïwan avec une flotte impressionnante de bateaux de guerre et mimait des envois de fusées sur l'île. Comme pour l'anéantir. « Xi Jinping avait prévenu le président », précise Jean-Pierre Raffarin.

Déclarer dans l'avion du retour que l'Europe ne devait pas se laisser vassaliser par l'Amérique a beaucoup choqué ses homologues. Était-ce vraiment le lieu et le moment ? Jean-Pierre Raffarin botte en touche. « Résister aux Américains, ce n'est pas mal non plus. En 2003, j'ai vu Blair, Aznar, Berlusconi soutenir George W. Bush dans sa guerre en Irak. Ils ont laissé tomber Chirac et Schröder. En retour, ils n'ont rien obtenu. Les Américains ne donnent jamais rien. Et ils n'ont eu ensuite que des soucis chez eux.

— On vous dit fasciné par la Chine, aujourd'hui elle fait peur.

— J'y suis allé pour la première fois en 1971. J'étais étudiant, j'avais vingt-trois ans. J'y suis revenu en 1976 avec les jeunes giscardiens, dont Henri, le fils aîné du président. On a été reçus par les dirigeants. Tout le monde était habillé pareil. Ça sentait très mauvais dans les rues. On a vu aussi des enfants joyeux, vêtus de couleurs vives, l'espoir d'un avenir plus chatoyant. En cinquante ans, j'y suis allé une centaine de fois, impressionné de voir à quelle vitesse se construisait le pays. À l'époque, les échafaudages étaient en bambou à quarante mètres d'altitude. En 2003, lors de l'épidémie du Sras, partie de Chine, Schröder et Blair ont annulé leur visite, moi pas. Chirac et Giscard m'ont poussé à y aller. Nous pensions qu'il n'y a pas d'entreprise mondiale si on n'est pas en Chine. On pouvait croire à l'époque qu'elle se rapprochait de l'Ouest. Les touristes chinois qui venaient en France ne demandaient pas à y rester. Les choses ont commencé à changer en 2008. Aux Jeux olympiques de Pékin, la Chine a remporté plus de médailles que les Américains. Il y a eu l'Exposition [universelle] de Shanghai. La Chine montait en puissance. L'alliance du Covid et de la tension avec les Américains a fait que pendant trois ans on n'a plus eu de contact. Cela a accru les incompréhensions de part et d'autre. Maintenant la ligne du Parti, c'est la conjugaison du marxisme et du nationalisme. La Chine veut jouer un rôle de puissance mondiale. Vise même un leadership global. Xi a été choisi par le Parti pour en être l'acteur.

— Alors vous y allez moins maintenant ?

— Il y a eu le Covid et il est plus difficile de discuter avec eux. Mais je fais de l'humanitaire ; lorsqu'il y a des contentieux, qu'il faut sortir un Français de prison, je sers d'intermédiaire pour aplanir les difficultés. »

Tiens donc, voilà l'axiome qui revient : « Moi, ma vie, c'est l'apaisement. »

23 avril 2023

Charles Amédée de Courson, l'aristocrate révolutionnaire

C'est bien simple, il est devenu « l'homme du 8 juin », quasiment un héros pour la Nupes, le Rassemblement national et… l'intersyndicale ! Quelle histoire ! Ce Charles-là – ne pas confondre avec celui du 18 juin – est député centriste de la Marne depuis 1993. Né Simon du Buisson de Courson, le 2 avril 1952, sous le signe du Bélier, prénom Charles Amédée.

Pour susciter la ferveur de ceux qui s'opposent à la retraite à soixante-quatre ans, il a défendu la motion de censure déposée au nom du groupe Liot [Libertés-indépendants-outre-mer et territoires, vingt députés] auquel il appartient et a bien failli faire tomber le gouvernement de Mme Borne et son 49.3 (il manquait neuf voix). Autant dire une quasi-victoire. Il aurait pu en rester là, mais non. Il a déposé une proposition de loi pour abroger la réforme déjà promulguée grâce à la niche parlementaire dont bénéficie son petit groupe. Rendez-vous le 8 juin dans l'hémicycle. Pour être approuvée, cette loi nécessite une majorité simple et non pas absolue comme l'exige une motion de censure. Suspense… On en est là.

Cela fait longtemps que Charles Amédée de Courson, diplômé de l'Essec (sorti major) et de l'ENA, est un personnage hors norme, reconnu comme tel par ses pairs à l'ENA et par ses collègues à l'Assemblée nationale. Autant pour ses qualités que pour ses défauts. « Mais il n'a pas ceux de tout le monde », précise son condisciple Jean-Louis Bourlanges, président de la commission des affaires étrangères.

Charles de Courson reçoit à l'Assemblée nationale. Rendez-vous à 9 heures. On ne se risquerait pas à arriver en retard. Il vous attend au rez-de-chaussée de l'immeuble, vous conduit vers son bureau d'allure monacale. Dans les couloirs, on croise des collègues ; tout sourire, il peut mesurer sa popularité. Son assistante n'est pas arrivée. Il sort son téléphone : « Solène, où êtes-vous ? Il est 9 h 02…

— Je suis en bas, monsieur…

— Vous serez pardonnée pour cette fois », dit-il en riant. Il plaisante, bien sûr, mais tout de même, ça vous campe un caractère.

Ce qui frappe chez lui, c'est son côté immuable. Toujours coiffé tel un premier communiant de l'entre-deux-guerres. Raie sur le côté, mèche plaquée, le poil grisonne un peu. Derrière ses lunettes sans monture, le regard se fait direct, aigu, espiègle, ne vous lâche pas. Un look de conservateur anglais, pull en V, cravaté, la silhouette demeure bien adolescente. Reflet d'un appétit frugal ou d'une physiologie qui lui fait brûler ses réserves car il ne s'arrête jamais. Le repos l'épuise, paraît-il. Prend-il tout de même des vacances ? « Oui, trois semaines l'été en août. » Il part à l'étranger, toujours loin, et seul. En Corée, au Japon, en Israël, libre, donc. Volontiers il clame : « Je n'ai ni épouse ni enfant ni maîtresse. » Célibataire, donc. Il se voue corps et âme à sa circonscription de la Marne, héritée de son père, Aymard de Courson, grand résistant, maire de Vanault-les-Dames (leur Colombey), décédé en 1985. Pour lui, un chagrin irréparable. Charles a repris la grande maison familiale et entrepris des travaux avec sa sœur. « On se ruine », dit-il.

La circonscription regroupe deux cent cinquante-six communes, dont la plus grande, Vitry-le-François, compte onze mille habitants. Sa permanence y est sise près de la collégiale, rue de la Petite-Sainte. Une adresse parfaite pour ce croyant. La moyenne des autres tourne autour de trois cents habitants, auxquels il rend visite chaque année. Il sillonne son territoire, conduit vite, beaucoup trop… Ses embardées l'ont rendu célèbre dans les campagnes. « Quand je fais des tonneaux, je n'ai pas peur. Il ne faut pas se contracter sinon on se fait mal. Moi, je n'ai jamais rien eu. Si un animal surgit sur la route, il faut lui rentrer dedans. C'est en essayant de les éviter que les gens se tuent. » Tout de même, un gros sanglier c'est dangereux… « Je ne m'en suis fait qu'un. » Est-il chasseur ? « Il y a beaucoup de chevreuils, de cerfs, mais moi, ce que j'aime, c'est la passée du soir en bordure d'étangs où l'on attend les canards ou les bécasses. » Son père, propriétaire de plusieurs étangs, était pisciculteur. « Comme lui, j'aime les bois. Il en retardait toujours la coupe. » Un silence. Un rêve passe.

Laissons ses amis parler de lui : « À l'ENA, à la Cour des comptes, il était le meilleur d'entre nous, le plus travailleur, le plus compétent qui savait tout sur tout, et toujours d'une gentillesse parfaite. C'est un ami très proche, profondément croyant. En 1981, il m'a dit : sans mes convictions religieuses, j'aurais pu voter communiste », révèle Jean-Louis Bourlanges qui raconte aussi cette anecdote : « En arrivant à la Cour des comptes, Charles Amédée devait contrôler la SNCF avec une équipe. À ce titre, il avait reçu une carte de circulation gratuite. Eh bien, il l'avait renvoyée, poliment mais fermement. Non, il ne mangeait pas de ce pain-là. Quelques jours plus tard, son chef d'équipe l'avait convoqué pour le féliciter, lui dire combien ce geste l'honorait, certes, mais embarrassait beaucoup ses collègues qui, eux, n'étaient pas opposés à en bénéficier. » Gilles Carrez, député gaulliste, qui l'a longtemps fréquenté à la commission des finances, où il fut président et rapporteur du budget, se souvient de leur première rencontre. « Il venait d'être élu comme moi, et je n'arrivais pas à trouver la dette dans le budget. Lui était déjà un virtuose. Je lui avais demandé des explications. C'était un excellent collègue qui aidait tout le monde à saisir les subtilités du budget, y compris les communistes. Il n'était pas sectaire. »

Souvenir personnel, il était pour les journalistes un pédagogue exceptionnel, disponible et toujours fort civil. Carrez ajoute : « Mais il est aussi un esprit contradictoire, parfois un peu buté. Il a toujours défendu l'équilibre des finances publiques, ce qui ne l'empêchait pas de proposer des amendements à un milliard d'euros. Lors de l'affaire de l'arbitrage Tapie, il y était d'abord favorable, et j'ai eu du mal à le convaincre que le Crédit lyonnais s'était mal comporté avec lui. Il ne voulait rien entendre. »

Raoul Briet, son copain de chambrée à Coëtquidan, qui a aussi partagé son bureau à la Cour des comptes, témoigne de son sérieux. « Il aimait l'armée, l'ordre, la rigueur, mais avec un fond de tempérament anarchique et révolté. C'est quelqu'un qui n'a de pensée tiède sur rien. » Pour dire les choses, ses amis regrettent certains changements de pied et ses sautes d'humeur : « C'est lui qui a écrit le programme de Valérie Pécresse, avec Hervé Morin. Il jugeait que la retraite à soixante-cinq ans était une bonne idée », soupire Philippe Vigier, député d'Eure-et-Loir. L'ex-ministre centriste Pierre Méhaignerie dit son estime pour lui : « Pour moi, il est un député modèle. À la commission des finances, il faisait son travail de contre-pouvoir. Les ministres tremblaient devant ses questions. Il nous apprenait comment mieux gérer les comptes publics. Mais en ce moment, je le trouve trop dur avec Macron. » Lui rétorque : « Pierre, je l'aime beaucoup, mais moi je le trouvais toujours trop mou sur tout. »

Bourlanges reprend : « Pour moi, son défaut principal est d'être un chasseur d'absolu. Il ne hiérarchise pas les priorités. Il s'est enfermé dans son rôle de cassandre. Ses ailes de pureté l'empêchent de voler. Un garçon comme lui aurait dû être ministre, mais il ne l'a jamais été parce que c'est quelqu'un, comme Mendès France, qui ne peut pas dire oui parce que ce serait se compromettre. Or, la question aujourd'hui pour un élu n'est pas de critiquer, ce qui est trop facile, mais de se demander qui on peut bien soutenir en conscience… » À tous ceux-là, Charles de Courson répond : « Il y a des choses qui me révoltent : l'injustice, la malhonnêteté autant politique que financière… Je ne suis pas de gauche mais j'ai une fibre sociale, sans tomber dans l'assistanat. »

Il dit avoir beaucoup d'amis au Parlement. « Des gens de tous bords viennent me demander conseil, y compris des gens de la minorité présidentielle. Quand je croise Mme Rousseau, je lui fais toujours un baisemain. J'en ai fait un aussi à Mathilde Panot qui m'a dit : "Vous êtes bien le premier à être courtois avec moi." Cela vous étonnera, il m'arrive de déjeuner avec mes collègues communistes Fabien Roussel ou André Chassaigne. »

Tout de même, comment, lui qui était pour les soixante-cinq ans, a-t-il pu faire voter une motion de censure et faire alliance avec la Nupes et le RN ? Réponse : « Lorsqu'on veut arracher un vote, et que pour ce faire on utilise des moyens de procédure, on méprise le Parlement et on délégitime les institutions, il faut savoir se lever contre cette injustice-là. J'ai pris mes responsabilités. Le gouvernement se targue de sa légitimité démocratique, mais il est en réalité minoritaire. On ne peut pas gouverner un pays de façon aussi jupitérienne, voire hégélienne, avec une base sociale aussi étroite. »

Pourquoi cette référence à Hegel ? « Pour Hegel, l'État est l'incarnation de la raison dans l'Histoire. Et ceux qui sont à sa tête croient pouvoir imposer leurs volontés puisqu'ils incarnent la raison. Pour moi, ce n'est pas la démocratie. Le président Macron s'inscrit dans cette logique, cette pensée verticale qui veut qu'il n'y ait qu'un type qui pense tout en haut. » Il poursuit :

« Moi, je suis du côté de Tocqueville, qui considère qu'il faut construire la société par le bas, c'est-à-dire l'inverse de la royauté absolue. Pour lui, la richesse d'un peuple tient dans ses contre-pouvoirs, le Parlement, les syndicats, les communautés territoriales, les réseaux associatifs… Tout ce qu'a raté Macron. »

Alors que les violences se multiplient sur le territoire, que la police est débordée, attaquée, blessée par des manifestants, je lui rappelle qu'en 2019 il était contre la loi anticasseurs, au nom des libertés publiques. Il s'était exclamé dans l'hémicycle : « Où en sommes-nous, mes chers collègues ? C'est la dérive complète, on se croit revenu sous le régime de Vichy. Mon père a été proscrit, poursuivi par la police de Vichy, qualifié de terroriste alors qu'il était patriote. Quand vous touchez aux libertés publiques, il faut faire attention. » Je l'interroge : « Si le gouvernement présentait une nouvelle loi anticasseurs, voteriez-vous toujours contre ? » Charles de Courson s'arrête, me fixe droit dans les yeux. Sa voix s'enroue. Il est au bord des larmes. Il raconte : « Mon grand-père maternel, Léonel de Moustier, député du Doubs depuis 1928, président du conseil départemental à partir de 1935, a été le seul député de droite à voter contre les pleins pouvoirs à Pétain. La veille, il siégeait à la commission de la réforme constitutionnelle. Laval l'attendait à la sortie. "Monsieur le marquis, vous ne pouvez pas vous y opposer" et il l'a menacé dans ses intérêts industriels s'il persistait dans son intention de voter contre. Réponse de mon grand-père : "Quel que soit le coût pour moi, et mes ouvriers, je ne céderai pas" et il a tourné les talons. En août 1943, il a été arrêté par la Gestapo. Trois cents gendarmes sont arrivés chez lui. Ma grand-mère, princesse de Ligne, lui demandait : “Léo, mais que font tous ces gens chez nous ?” Elle parlait tour à tour allemand, anglais, français. Mon grand-père a été embarqué avec deux de ses fils. Il a été emprisonné pendant six mois à Besançon. Il recevait des gens dans sa cellule. Puis il a été envoyé à Compiègne en camp de transit, avant d’être déporté en Allemagne au camp de Neuengamme où il est mort en mars 1945. Le camp a été libéré un mois plus tard.

« Parce que ses fils étaient résistants, ma grand-mère paternelle, a été arrêtée en juillet 1943 par la Gestapo, emprisonnée à Alençon, puis à Rouen avant d’être déportée à Ravensbrück où elle est morte en janvier 1945. Elle était avec Geneviève de Gaulle. Mon père appartenait au réseau Prosper. Il faisait sauter des trains allemands dans la vallée de la Maurienne. Trois cents de ses camarades ont été fusillés par la Gestapo. Lui s’est enfui. Les Allemands l’ont retrouvé, arrêté, mais il a pu s’évader au bout de trois jours. Le Débarquement était en cours. »

Sa voix est de plus en plus enrouée. Je l’interroge : « Cette histoire continue-t-elle à marquer votre vie au plus profond ? » Il me répond : « Lorsque j’ai été élu en 1993, j’étais très jeune. Un journaliste m’a demandé pourquoi je m’engageais en politique. Je lui ai répondu : “Suivez-moi.” Je suis allé aux Quatre Colonnes, devant le monument aux morts, et lui ai montré le nom de mon grand-père, Léonel de Moustier. Vous comprenez qu’avec ce passé toutes les critiques qui peuvent pleuvoir sur moi ne me touchent pas. J’agis comme bon me semble. »

Croit-il que le 8 juin sa loi, qui annulerait la réforme, pourrait être votée ? « Nous avons en théorie vingt-quatre heures pour cela. En réalité, treize heures dans l'hémicycle. Si le vote est organisé, elle passera. Mais le gouvernement et ceux qui sont favorables à la réforme des soixante-quatre ans peuvent faire de l'obstruction, déposer des centaines d'amendements, faire traîner les choses, et dans ce cas-là, nous aurons échoué. » Si la loi est votée, il restera celui qui a guillotiné la réforme. L'un de ses ancêtres, Louis-Michel Lepeletier de Saint-Fargeau, a voté la mort du roi en 1793.

9 mai 2023

François Pinault, homme libre

À la Libération, le général Leclerc y passa quelques nuits. À la fin des années 1980, président de l'UDF, Valéry Giscard d'Estaing y occupa un bureau. Le parti y avait installé son quartier général.

L'hôtel de Clermont-Tonnerre, sis à deux pas du Palais-Bourbon, est aujourd'hui le siège d'Artémis, la holding patrimoniale de son propriétaire, François Pinault.

Il lui aura fallu plusieurs années pour aménager, penser ce lieu, y apposer son empreinte.

Un large perron en arrondi (d'origine) mène au rez-de-chaussée. D'emblée, le visiteur est happé par une émeute de couleurs : bleu, jaune, vert, rouge, rose… Un shoot d'énergie, une explosion de vie. Les hauts murs qui conduisent au premier étage, où se trouve son bureau, sont constellés du sol au plafond de vitraux au graphisme géométrique, enserrés dans un cadre métallique peint en blanc, tous de mêmes dimensions (des carrés de 60,9 cm de côté !), accrochés tels des tableaux, à égale distance les uns des autres. Sublimés par la lumière d'un jour ensoleillé. Un grand choc esthétique.

Une œuvre de l'artiste Daniel Buren (je dois avouer que ses cylindres de béton à rayures posés dans la cour du Palais-Royal ne m'ont toujours pas convaincue).

On arrive dans l'antre du maître. Changement radical d'atmosphère. Un vaste espace, calme, les bruits de la ville n'y entrent pas. Les murs, les canapés, les tables basses où sont posés des livres d'art, le bureau dessiné par Martin Szekely, les deux grands tableaux carrés signés Lucio Fontana et Rudolf Stingel, ceux du peintre conceptuel minimaliste Robert Ryman, quelques masques africains, les tapis posés sur le parquet de chêne, tout se conjugue dans des tons clairs entre gris et beige. *Rhapsody in grège*. Une sobriété somptueuse. Seule tache de couleur, un minimobile signé Calder orange et noir orne le bureau. On y respire la zénitude. « C'est un endroit propice à la réflexion. À mon âge, je dois me concentrer sur l'essentiel », explique l'hôte des lieux. Ce contraste de décors dessine presque son autoportrait

Il a fallu insister pour que François Pinault accepte de se confier.

« Mais qu'allez-vous bien pouvoir dire ? »

Comme si son stupéfiant parcours pouvait ne pas aiguiser la curiosité. Il vous reçoit tel qu'en lui-même, immuable. À la fois courtois, profond, grave, mais toujours avec cette lueur amusée au coin de l'œil de qui aime la vie. Le contact avec lui est si aisé que, paradoxe, sa simplicité bienveillante intimide.

Bien sûr, c'est par la Bretagne qu'il faut commencer puisque tout part de là.

« J'y ai mes racines, toutes mes fibres. J'ai emporté la glaise », dit-il.

Il est natif de Trévérien, un petit village – « où il n'y avait rien » [840 habitants aujourd'hui] – niché entre Saint-Malo, Rennes et Dinan. Un père patron d'une petite scierie, un homme taiseux, rude, avec lequel les rapports furent râpeux. Une mère douce, aimante, qui n'avait pas les mots qui vont avec. « Les dîners se passaient en silence. C'était la chanson de Brel. »

L'instituteur a repéré « le p'tit ». « Il faut l'envoyer au collège Saint-Martin à Rennes. » À onze ans, François y sera pensionnaire. Mais la greffe n'a jamais pris. Il ne supporte pas la morgue des enfants des bourgeois de la ville ; il n'est pas de leur monde, ils le lui font sentir, lui est un petit paysan. Une humiliation jamais oubliée. Pendant quatre ans, il n'aura qu'une hâte : en partir. Tant pis pour les études.

« Je voulais faire quelque chose de ma vie. À l'époque, avant d'entrer dans la vie active, il fallait faire son service militaire. J'ai décidé de devancer l'appel, de m'engager, de partir en Algérie, c'était la guerre. J'ai pris un bus pour Rennes. On m'a examiné, regardé les dents comme si j'étais un cheval. J'ai pris le train pour Montparnasse, puis à la gare de Lyon celui pour Marseille. J'ai téléphoné à mes parents : "Je pars." »

Bateau pour Alger, puis direction Blida en camion. Il a dix-neuf ans. Il va y rester trente mois. « J'ai perdu beaucoup de copains. J'ai eu de la chance de ne pas être tué. » Un silence, avant de glisser à mi-voix : « Toute ma vie j'ai eu la baraka.

— Comment avez-vous tenu le choc ?

— Les Allemands avaient quitté mon village quinze ans plus tôt et voilà que l'on faisait comme eux, on fouillait les maisons, on était armés. Je me disais :

"Qu'est-ce que je fous là ?" Je le savais, les armées d'occupation ne gagnent jamais. Ces trois ans ont changé mon caractère. »

Retour en Bretagne. Le père meurt six mois plus tard. François ferme la scierie, vend les stocks de bois.

« Je suis parti travailler à Rennes, dans la scierie Gauthier [quinze ouvriers]. J'ai épousé la fille [ils auront trois enfants]. J'y ai vite pris le pouvoir. » Mais le jeune couple boite : mésentente, séparation, divorce.

« En 1962, j'ai monté ma boîte de commerce de bois. Je ne voulais pas d'associé. J'ai acheté un terrain. » Il a vingt-six ans. « J'allais en Scandinavie, en Union soviétique – des gens très réglos –, en Afrique. » L'affaire se développe. Bientôt, il rachètera tous ses concurrents.

L'un d'eux est André Lévy, le père de BHL. L'entreprise qu'il a créée, la Becob, connaît un moment difficile. François Pinault vient à sa rescousse. Une amitié indéfectible se noue. Le cadet appelle son aîné « le vieux lion ». Un nom qui lui restera. Ils voyagent ensemble. « Après son décès, François est devenu pour moi presque un père adoptif », dit BHL.

Entre-temps, François Pinault a rencontré Maryvonne. La femme de sa vie – elle lui préparait le petit-déjeuner quand il se levait tôt, à 4 heures du matin. Elle est celle qui l'a accompagné dans sa phénoménale ascension, qui a su à chaque étape lui être indispensable. Il faut beaucoup d'intelligence et de finesse pour garder la tête froide, ne pas perdre pied, il faut aussi du travail pour s'adapter, inventer son rôle, et créer des cadres de vie, organiser l'intendance. François est peu enclin aux mondanités parisiennes, mais il faut bien recevoir. Maryvonne est une maîtresse de maison hors pair, au

Christie's, la société de vente aux enchères londonienne, une institution cotée en Bourse. Son OPA réussit, un choc pour la City. « Christie's est un formidable observatoire », dit Serge Weinberg, qui a travaillé longtemps avec lui.

François Pinault raconte cette anecdote : « Lorsque Elizabeth II est venue à Paris, Jacques Chirac m'a invité à dîner à l'Élysée. Au dessert, il m'a fait appeler. "Je veux vous présenter à la reine. Majesté, voilà le tycoon qui a racheté Christie's." La reine : "Ah, c'est donc vous. Et qu'avez-vous acheté d'autre en Angleterre ?

— D'autres entreprises et un jack russell que j'aime beaucoup."

« Les invités passent au salon. La reine revient vers moi.

"Comment s'appelle votre chien ?

— Hercule.

— Hercule ?

— Oui, parce que je ne voulais pas qu'il soit complexé par sa petite taille." Elle a ri. »

François Pinault n'aime guère la compagnie des politiques. Il en voit et en reçoit quelques-uns bien sûr. Il apprécie Fabien Roussel. Mais son seul ami fut Jacques Chirac. Entre eux, un lien très fort s'est noué. En 1978, le maire de Paris, qu'il ne connaît pas, lui fait passer un message : une usine dans sa circonscription à Meymac menace de faire faillite. « Je suis allé sur place. Cette affaire ne valait rien. Je suis allé le lui dire. Il m'a répondu : "Si vous ne la reprenez pas, ma carrière est foutue !" Alors on l'a reprise, on a même créé ensuite une usine de panneaux MDF à Ussel. »

« C'est une amitié de mecs qui n'aiment pas les salons parisiens, des provinciaux au cœur du système, sans vouloir y être vraiment et en gardant leurs distances. Ils pouvaient parler de tout, se lâcher en confiance », explique Alain Minc.

Et puis il y avait entre eux cette commune passion pour l'art. Chirac et sa connaissance encyclopédique de la Chine, du Japon, de l'Afrique, son goût pour les cultures dogon, inuit, aborigène. On lui doit le musée du Quai-Branly, qui désormais porte son nom.

Pinault a créé deux musées d'art contemporain à Venise : le Palazzo Grassi et celui de la Pointe de la Douane. Et à Paris, celui de la Bourse de commerce. Des aménagements tous confiés à son architecte fétiche, le Japonais Tadao Ando, célébré dans son pays comme un trésor national. Il a été boxeur, chauffeur routier. « Il ne parle pas anglais et moi, pas le japonais, mais on se comprend avec les yeux. Pour la Bourse de commerce, il est venu me voir avec des radios. “J'ai eu un cancer”, m'a-t-il dit. Je lui ai répondu : “On y va.” Ça l'a remis en selle. »

Il a aussi fait restaurer la maison de Victor Hugo à Guernesey, fait reconstruire la chapelle Saint-Michel dans les monts d'Arrée, en Bretagne, après les incendies de l'été. Il y a eu aussi le don de la famille Pinault (cent millions) pour la restauration de Notre-Dame. Toujours la protection du patrimoine.

« François Pinault entretient avec l'art un rapport profond, intime, secret, moins instinctif qu'il ne le dit, plus savant. Il suffit qu'il pose son œil sur un artiste chinois pour que sa cote monte. Sa faculté de juger est d'une sûreté absolue. Il n'écoute personne. Chacun de ses choix a une histoire, c'est un moment de vie, c'est pour cela que sa collection est vivante », analyse Bernard-Henri Lévy.

« Il faut le voir avec les artistes. Il a une relation viscérale avec eux », renchérit Alain Minc. « C'est ma passion, acquiesce François Pinault. Le contact avec les artistes permet d'entrer dans leur complexité. Ils n'aiment pas qu'on vienne les regarder travailler, mais c'est le secret pour comprendre. On se trompe aussi. »

Je lui parle aussi de football. Depuis vingt-cinq ans il est propriétaire du Stade rennais. « Pour la Bretagne c'est très important, dit-il. Un club de foot, c'est la vie en accéléré, avec des hauts et des bas qui se succèdent. Ça peut très vite se dérégler… Vous avez vu ? Rennes a battu Ajaccio 5-0 dimanche ! » Il n'en est pas peu fier ! Je mentirais si je lui disais que j'étais au courant. Et la Coupe de France contre le PSG en 2019 ?

« Aucune OPA ne peut donner ce plaisir-là », a-t-il confié à Alain Minc. Serge Weinberg s'en amuse : « Le dimanche matin, quand le Stade rennais avait été battu la veille, ça n'était pas le meilleur moment pour discuter avec lui. Sa singularité, c'est sa liberté totale. Il n'appartient à aucune coterie, aucun monde. Il n'a pas de contrat public. On n'a pas de prise sur lui. Personne ne connaît son emploi du temps. Il ne passe pas des heures à dépiauter les dossiers, il se fie à son instinct extraordinaire. »

François Pinault a des projets plein la tête. « Après, dit-il, on passe à autre chose, le meilleur moment c'est dans l'escalier. » On notera l'achat de la compagnie de croisières de luxe Ponant. Le gros investissement dans le vin de Bourgogne : le Clos de Tart, sept hectares, que Jack Ma, le fondateur d'Alibaba, voulait acheter. Impossible pour lui d'accepter que ce joyau sorte du patrimoine national.

Quelle énergie ! « Bien sûr, il sait que la vie a un terme, mais son horizon à lui n'a pas de limites », conclut BHL.

6 juin 2023

Jean-Yves Le Drian, le retour du Menhir

Le 7 juin vers 19 heures, un communiqué est tombé de l'Élysée.

« Dans l'esprit d'amitié qui lie la France au Liban, le président de la République a désigné Jean-Yves Le Drian comme son représentant personnel afin d'échanger avec ceux qui, au Liban comme à l'extérieur, peuvent contribuer à une sortie de l'impasse. » Un style laborieux pour une mission complexe.

On attendait l'ancien ministre des Affaires étrangères du premier quinquennat Macron à l'Institut du monde arabe. Le projet avait été évoqué avec faveur entre le décisionnaire et le bénéficiaire, lequel, prudent, avait choisi de n'en dire mot à quiconque, hormis à une poignée de proches.

C'est Jack Lang qui avait lancé la rumeur de son arrivée pour l'empêcher, bien sûr, organisant tout un tintouin *urbi et orbi* avec la verve du propriétaire courroucé qui voit débarquer un squatteur.

Voilà dix ans que l'ancien ministre de la Culture de François Mitterrand règne sur l'Institut. Son troisième mandat expirait le 6 mars. « Quand je suis quelque part, j'y suis pour l'éternité », a-t-il osé dire. Façon de prévenir qu'il n'était pas prêt à y renoncer, mais au contraire à rempiler pour trois ans. Plaidant aussi qu'il fallait pour ce poste un expert de la culture – ce que n'étaient pas ses prédécesseurs Edgard Pisani et Dominique Baudis –, lui-même s'étant désigné depuis 1981 comme le grand prêtre, voire le parangon exclusif de la culture dans l'Hexagone.

Jack Lang n'est toujours pas officiellement reconduit. Son successeur n'étant pas désigné, il n'a pas fait ses valises. Il est toujours là. On en est là.

Au moment de notre rencontre, la veille de la diffusion du communiqué élyséen, Jean-Yves Le Drian éludait les questions sur son avenir. Son air plutôt content me laissait deviner après coup que cette mission si compliquée lui agréait. En réalité, était-il déçu, un peu, beaucoup ? Mais il n'est pas le genre d'homme à étaler ses états d'âme.

« On ne lui en voudra pas de ne pas réussir au Liban », note un diplomate de haut rang qui loue sa capacité de travail et son contact si humain. L'histoire de la classe politique libanaise est une guerre de clans qui se déchirent sans fin. Le mandat présidentiel ne lui fixe pas d'échéance, pas d'impératif non plus. Le ministre l'a toujours dit, « les décisions appartiennent aux Libanais et à eux seuls ». Il aime les défis. Il va beaucoup s'impliquer. Une chose est sûre, si en France il y a un homme politique qui peut amener les gens à se parler dans ce Moyen-Orient compliqué, c'est bien lui.

Cinq ans ministre de la Défense sous François Hollande, cinq ans au Quai d'Orsay avec Emmanuel Macron. Dix ans non-stop, un record pour un ministre régalien.

« L'ancien tenant du titre, Pierre Messmer, est resté aux armées durant neuf ans et quatre mois sous le général de Gaulle », souligne, pas peu fier, Cédric Lewandowski, qui fut le directeur de cabinet de Le Drian pendant cinq ans à l'Hôtel de Brienne. Une forte personnalité.

« Jean-Yves connaît tous les acteurs. Sa capacité d'empathie a créé un climat d'entente avec une série d'hommes pas faciles : l'Égyptien Sissi, Mohammed Ben Zayed, président des Émirats arabes unis, Mohammed Ben Salman [MBS], le prince héritier d'Arabie saoudite… » Et avec beaucoup d'autres, bien sûr. « Je les connaissais tous depuis longtemps, reconnaît l'ex-ministre. Une relation de confiance ne s'improvise pas. Il faut passer du temps avec eux, revenir souvent les voir. Mon collègue chinois Wang Yi, je le croisais aux Nations unies, je l'ai invité à Rennes, incognito, pour le plaisir, avec visite des monuments. Le soir, nous sommes allés dîner au Mont-Saint-Michel. Le drapeau rouge flottait au sommet. On s'est dit des choses. Cela a tissé un lien. Emmanuel Macron me l'a confié : lors de sa dernière visite à Pékin, Wang Yi lui a parlé du Mont-Saint-Michel. »

Vous l'avez compris, Jean-Yves Le Drian est dépourvu de cette arrogance française coutumière qui agace tant à l'étranger. Lui, au contraire, se montre très attentif à l'autre, l'écoute, ne lève jamais le menton pour donner des leçons de morale. « Il est comme ça avec ses collaborateurs, qui lui vouent une fidélité sans faille », atteste Véronique Le Goff, sa conseillère en communication.

Homme de gauche, Jean-Yves Le Drian se dit très à l'aise sur les ventes d'armes, dossier pour lequel il s'est tant démené : « C'est qu'il y va de notre sécurité.

Pour être maîtres de notre défense, il faut en avoir les moyens, et cela coûte très cher en recherche et développement. Il faut donc trouver des partenariats stratégiques, avec des contrats fermes pour moderniser et renouveler notre outil. »

Au ministère, Cédric Lewandowski pilotait l'équipe France, le comité des industriels exportateurs. « Je leur disais : pour gagner, il faut chasser en meute et pas séparément. Grâce à la confiance qu'il a su créer, le ministre ouvre les portes. Mais il faut qu'il arrive devant ses interlocuteurs avec une liste de courses précise. »

Les inviter en Bretagne fut son grand must. Il savait recevoir, leur offrait une échappée belle d'un jour avec de grandes bouffées d'air iodé et des dégustations de fruits de mer, un lâcher-prise dont ils se souviendraient. Et pour certains, pendant le vol, l'avion qui les menait était escorté par deux Rafale, ces merveilles de la technologie française. Grâce au ministre, et pour la première fois, leurs ventes ont fait un bond spectaculaire.

La Bretagne et son irrépressible besoin d'y revenir. « Mon humus, mon creuset », comme il aime à le dire. Sa fierté aussi. Il en a été le patron. Dépourvu aujourd'hui de tout mandat, il le demeure. On l'appelle « le Menhir » tant il en a fait pour elle : l'aboutissement du TGV, qui fut son long combat, la création à Lorient de l'université Bretagne-Sud et un hôpital tout neuf. Quarante-cinq ans de présence : maire pendant dix-sept ans, député pendant vingt-trois ans, toujours réélu sauf une fois, en 1991. Secrétaire d'État à la Mer dans le gouvernement d'Édith Cresson, il avait osé s'attaquer au statut des dockers, qui condamnait le développement des ports. Quelle audace quand on est le petit-fils d'un docker et que sa grand-mère tenait un bar à dockers. Grèves, manifs, le ministre était conspué, violenté presque, les dockers lui lançaient des boulons. « Il a été très courageux, j'ai fait voter sa loi au Sénat », dit Josselin de Rohan, RPR à l'époque. Il ajoute : « Les rapports étaient toujours très agréables avec lui. Mais lorsque j'ai remporté d'une courte tête la région Bretagne en 1998, il est devenu un opposant très déterminé… à me succéder. » Chose faite en 2004.

Rien dans l'enfance ne le destine à la politique. Ses parents sont des cathos de gauche très engagés dans la vie sociale et citoyenne. Le père est vendeur de pièces détachées dans l'automobile, la mère, couturière. La famille habite à Lanester, banlieue de Lorient, dans une baraque en bois, l'habitat des lendemains de guerre après les bombardements. Le budget familial est ric-rac, le soir après le bénédicité, on dîne en écoutant la radio. À l'orée des années 1960, la guerre froide fracture le monde. Le père livre ses commentaires, le fils enregistre. La mère aurait vu d'un bon œil que Jean-Yves devienne prêtre. Il est déjà enfant de chœur. « Tant qu'à faire, je préférerais être évêque », lui répond-il.

Question : déjà l'ambition ?

« Non, la volonté de diriger », dit-il. Son avenir professionnel est tracé : il sera ouvrier à l'arsenal après le certificat d'études. Son instituteur, l'abbé Le Mentec, juge que l'enfant doué doit aller plus haut, il lui obtient une bourse. Il intègre le collège Saint-Louis à Lorient, découvre un autre monde, d'autres codes, avec la peur de ne pas « être à la hauteur en toutes circonstances ». Une phrase répétée en mantra et à satiété par ses parents, autant dire une injonction. Alors, il va bosser « pour être à la hauteur ». Après le bac, hypokhâgne à Quimper, puis études d'histoire à Rennes. En 1971, il obtient l'agrégation d'histoire moderne et devient professeur, il a vingt-quatre ans. Trois ans plus tôt, en Mai 68, il était dans les manifs à Rennes. Il défilait, cheveux au vent. Il n'était ni un meneur ni un casseur.

Son déclic politique ? Un discours de Mitterrand à Rennes durant la campagne de 1974. « J'ai été séduit par sa force de conviction. » Il s'inscrit au Parti socialiste. Les dés vont rouler.

En 1977, il est élu au conseil municipal de Lorient et devient maire adjoint. Quatre ans plus tard, il s'empare de la mairie.

En 1978, première élection législative. Un député sortant du Morbihan lui a cédé la place et sera son suppléant. Mais à une seule condition : qu'il coupe ses cheveux trop longs ! On a du mal à l'imaginer aujourd'hui doté d'une abondance capillaire. Au PS, il sera toujours un peu à part. Pas mitterrandolâtre. Ami de Pierre Mauroy, de Michel Rocard, il n'appartient à aucun courant. Avec François Hollande, il crée les « transcourants ». Chaque année, on se réunit à Lorient, sa ville. Son seul mentor est Jacques Delors, dont il partage les convictions européennes.

Jean-Christophe Cambadélis raconte : « Quand j'étais premier secrétaire, je visitais régulièrement le président de la République, le Premier ministre, le président de l'Assemblée et aussi Jean-Yves Le Drian. Il ne s'intéressait guère à la vie du parti, mais c'était une personnalité qui comptait. Quand il disait non, c'était non. Rien à faire, impossible de le faire bouger, têtu comme un Breton. » Exemple : il ne voulait pas de la réforme régionale préparée par François Hollande et Jean-Marc Ayrault, avec des grandes régions où la Bretagne aurait été fondue « dans une espèce de Grand-Ouest mou, où Nantes serait devenue la capitale ». Pas question ! C'était « diluer la Bretagne ». Il menaçait de démissionner, et il l'aurait fait. Hollande a cédé.

Autre refus : celui de passer un accord avec les Verts, signé par les états-majors pour les régionales. Pas question de faire entrer dans son équipe « ces gauchistes antinucléaires ». Il n'a jamais cédé. « Il estimait qu'il n'avait pas de leçons à recevoir d'eux. Les Verts dénonçaient l'agriculture intensive, lui a mis tous les acteurs autour de la table. Aujourd'hui, les eaux en Bretagne, sans nitrates, sont parmi les meilleures », rapporte Richard Ferrand, plein d'admiration. Tel est l'homme qui, pendant dix ans, aura vu le monde basculer dans la violence, les grandes puissances s'exprimer sans complexe ni retenue, agir hors la loi.

Question : compte tenu de l'évolution du monde, fallait-il être préparé pour devenir ministre de la Défense ?

« J'y étais préparé. Député pendant vingt-trois ans, j'appartenais à la commission de la défense nationale et des forces armées. J'en ai même été le vice-président. »

Dans les années 2000, il lance un groupe de réflexion pour muscler les propositions de la gauche sur ces questions. L'aventure a pour nom « Sémaphore ». Ses animateurs, Cédric Lewandowski, Claude Roussely et d'autres, alimenteront les programmes présidentiels de Ségolène Royal en 2007… et de François Hollande en 2012.

En 2007, le président Sarkozy, qui rêve d'ouverture, lui propose le ministère de la Défense, qu'il refuse bien sûr. François Hollande élu, ce ministère lui revenait presque de droit.

Il raconte : « Avant même son élection, j'étais allé à Washington avertir l'administration Obama du retrait de nos troupes d'Afghanistan. J'ai rencontré Antony Blinken, alors chargé des questions de sécurité. Un homme brillant, francophone. Nous avons noué une relation amicale. Il est venu plusieurs fois en France. J'étais heureux de le retrouver en 2021 quand le président Biden l'a choisi comme secrétaire d'État. »

Une amitié qui n'a pas empêché les États-Unis de nouer le pacte Aukus avec la Grande-Bretagne et l'Australie, cette dernière annulant le contrat passé avec la France, portant sur la construction de douze sous-marins nucléaires.

Le contrat du siècle (trente-six milliards d'euros) négocié par Jean-Yves Le Drian. « Cinq ans de combat. Je suis allé au moins six fois en Australie… et c'est loin. » Le ministre est furieux.

« Sur ma recommandation, le président avait rappelé nos ambassadeurs en poste à Canberra et à Washington. J'ai aussi tenu à dire ma façon de penser à Antony Blinken. Un tête-à-tête dans les bureaux de notre représentation permanente à l'ONU. Je peux vous dire que l'échange fut "franc", comme on dit chez les diplomates. Un moment agréable ni pour lui ni pour moi. »

Pendant ces cinq ans à la Défense, que de tourments. Il faut organiser trois opérations extérieures et une en France.

« Pour moi, c'était un patron à l'écoute, jamais énervé ; mes problèmes devenaient les siens, témoigne le général Gomart, ex-directeur du renseignement militaire et patron des forces spéciales. Au retour des voyages – jamais à l'aller –, il me disait : "On peut prendre un whisky." En général c'était toujours deux, et toujours du Lagavulin écossais. »

Janvier 2013 : des groupes jihadistes foncent sur Bamako. Le président du Mali, Moussa Traoré, appelle la France au secours. François Hollande répond présent.

Le 12 est lancée l'opération Serval – mille huit cents militaires –, qui deviendra l'opération Barkhane sur l'ensemble du Sahel avec cette fois cinq mille hommes. Coïncidence, cette même nuit du 12 janvier, en Somalie, une opération de libération d'un otage par un groupe islamiste terroriste échouait, avec, hélas, trois morts. « Avec François Hollande, on avait suivi toute la nuit ces deux opérations. »

Le 5 décembre 2013, l'opération Sangaris est conduite en République centrafricaine. Cinq cents militaires français sont envoyés pour faire cesser les massacres intercommunautaires en Centrafrique.

Septembre 2014, les forces armées françaises participent à la coalition contre l'État islamique en Irak et en Syrie. C'est l'opération Chammal. Sept cents militaires, douze avions de chasse. Quatre années d'engagement.

En janvier 2015, après les attentats terroristes (*Charlie Hebdo*, Hyper Cacher), l'opération Sentinelle est lancée avec bientôt dix mille soldats dont trois mille en réserve, engagés sur tout le territoire pour défendre et protéger les Français.

Et le 13 novembre, les attentats à Paris, planifiés depuis Raqqa en Syrie : cent trente morts, plus de quatre cents blessés. « J'ai vu la quintessence de la douleur humaine. En riposte, dans la soirée, nous avons bombardé Raqqa. »

En 2017, François Hollande s'étant exclu de la compétition présidentielle, Jean-Yves Le Drian soutient Emmanuel Macron. « C'était un collègue. Son engagement européen m'a embarqué. » Il accepte le Quai d'Orsay. François Hollande rompt les ponts avec lui. La fin d'une amitié.

« J'ai changé de rue mais je n'ai pas changé de monde », dit-il. Durant l'épidémie du Covid, il lui fallut organiser le rapatriement de trois cent soixante-dix mille Français bloqués aux quatre coins de la planète. Un travail de titan pour les agents du Quai d'Orsay.

En 2022, l'arrivée du pire : la guerre en Ukraine. « Emmanuel Macron a cru qu'il pourrait l'empêcher. Il était plein de sa mission de président de l'Union européenne. Aujourd'hui, l'Ukraine n'a pas gagné, la Russie n'a pas perdu, et l'exercice du dialogue diplomatique devient de plus en plus difficile, voire impossible. Comment ramener à la raison des gens comme Poutine, qui ne lâchent que des contre-vérités ou des mensonges ? » Jean-Yves Le Drian a choisi de quitter le Quai d'Orsay avant la réélection d'Emmanuel Macron. Besoin de souffler, on le comprend – « En dix ans, j'ai fait quarante fois le tour du monde » –, de prendre du temps en famille. Mais pas question de s'assoupir, il entend continuer à servir autrement ! C'est ce qu'il appelle sa sixième vie.

12 juin 2023

TABLE DES MATIÈRES

Composition et mise en pages
Nord Compo à Villeneuve-d'Ascq

#lisez engagé !
www.lisez.com
Pour plus d'information :
Imprimé sur du papier issu de forêts gérées durablement.

Imprimé en France par MAURY IMPRIMEUR
en octobre 2024
N° d'impression : 280641

POCKET – 92, avenue de France, 75013 Paris

S34478/01